특별한 아이들, 무대 위에서 세상을 만나다

발달장애와 연극치료

박미리 지음

학지사

특별한 아이를 가진 이 땅의 어머니들에게

막연히 연극의 치유적 가능성을 알고 있던 나를 연극치료의 길로 확실하게 접어들게 한 사람들은 바로 발달장애아와 그 어머니들입니다. 그들과 만나면서 뭔가 도움을 주고자 했던 나는 도리어 그 만남 가운데 점차 달라지는 내 자신을 보게 되었습니다. 그들만의 방식으로 세상을 바라보는 시선을 애써 좇으면서, 나는 그들에 비해 지나치게 이기적이고 목적지향적인 나를 돌아본 것입니다.

그러면서 혼자만의 세상에서 이처럼 행복한 이 아이들을 있는 그대로 두면 안 되는지 스스로에게 묻곤 하였습니다. 물론 그래도 되겠지요. 하지만 어머니들은 그 아이들이 사회 속에서 함께 살아가기를 간절히 원했습니다. 단, 어디까지나 그들이 행복한 가운데 말입니다. 그리고 나 역시 어머니들과 같은 마음을 품게 되었습니다. 그때부터 나는 자칭 연극치료 전도사가 되기로 했고, 지금까지 발달장애아를 비롯하여 어린이, 청소년, 성인, 노인 등 거의 모든 대상을 만나면서 연극의 치유적 힘을 새록새록 재발견하고 있습니다.

연극이 치유의 힘을 발휘하는 근본에는 무대라는 또 다른 세상에서 나 아닌 다른 삶의 주인공이 된다는 연극의 본질이 깔려 있으며, 그것은 바로 변신입니다. 다른 존재가 되기 위해서 우리는 무엇보다 나 자신을 바로 알아야 하고 또한 다른 사람을 이해하고 받아들여야 합니다. 이를 위해서 우리의 몸과 마음을 제대로 인식하는 과정이 필요한데, 이는 감각, 감성, 감정이라는 다른 말로 표현할 수 있습니다.

　같은 장애를 가진 아이들이라도 그들에게 다가가는 연극치료 방식은 제각기 다릅니다. 왜냐하면 우리는 저마다 특별하고 고유함을 지니고 있기 때문입니다. 얼핏 보기에는 모든 대상들에게 유사한 방법을 사용하는 것 같지만, '지금―여기'에서 이루어지는 연극치료 작업은 오직 하나, 유일한 것입니다. 그렇기 때문에 지식이나 이론 또는 기법보다 더 중요한 것은 치료사와 참여자의 진정한 만남입니다.

　이 책은 2008년 2월부터 2009년 1월까지 월간 『특수교육』에 연재한 내용을 정리한 것으로, 이론적 깊이보다는 실제적인 면을 다루고 있습니다. 여기에는 우선 나보다 앞서 연극치료 작업을 해 온 수많은 선배들의 연구와 실제 작업의 흔적이 담겨 있습니다. 나는 미국이나 영국의 연극치료 워크숍에 참가하여 배우기도 했습니다. 하지만 사실 내게 최고의 가르침을 준 사람들은 바로 내가 만난 수많은 연극치료 참여자들, 그리고 내게 연극치료를 배우고자 한 학생들이었습니다. 그들이 없었다면 이러한 기록과 생각들이 나올 수 없었을 것입니다. 이제 지난 시간 동안 했던 작업들을 하나씩 정리할 때가 된 것 같습니다. 이 책이 그 첫걸음으로서, 앞으로 다른 대상들과의 만남을 기록하고, 점차적으로 연극치료의 이론과 실제 면에서 보다 깊이 있는 작업을 향해 가고자 합니다.

　연극치료를 하면서 제일 좋은 것은 나 자신이 아주 조금씩이나마 달라진다는 것입니다. 치료가 변화라면, 나 자신이 달라지는 경험이야말로 아픈 사람들과 나눌 수 있는 힘이 되는 것이니까요. 요즘에는 '사람이 꽃보다 아름답다.' 라는 말을 새삼 되새기게 됩니다. 사람에게 가장 큰 상처를 주는 것은 바로 사람입니다. 그리고 상처를 위로할 수 있는 것도 역시 사람입니다. 세상에 존재하는 모든 것들이 그렇겠지만, 사람은 자신에게 주어진 삶의 시간을 가장 처연하게 살아가는 존재라는 생각이 듭니다. 그렇기 때문에 사람은 꽃보다 아름답습니다. 특히 치료 작업 현장에서 만나는 치료사와 참여자는 서로가 서로에게 '꽃보다 아름다운 사람'입니다. 왜냐하면 그 현장만큼 치열한 삶의 모습이 전개되는 곳은 없으니까요.

이 책을 정리하다 보니 참 많은 사람에게 감사한 마음이 듭니다. 우선 이 책의 출판을 기꺼이 맡아 주신 학지사 김진환 사장님과 아름다운 책이 나올 수 있게 도와준 편집부 이현구 선생에게 감사를 전합니다. 그리고 나를 나답게 만들어 주신 부모님과 형제, 연극치료에 전념할 수 있도록 아낌없이 배려해 준 남편과 두 딸 혜인, 혜령에게도 고마운 마음을 전합니다. 특히 무엇보다 내게 기다림을 가르쳐 준 발달장애아의 어머니들에게 감사한 마음을 전합니다. 연극치료라는 이름으로 만난 수많은 사람들 그리고 기꺼이 사진 촬영에 응한 진석, 도연, 사랑하는 나의 제자들……. 그들과의 만남 덕분에 이 책이 만들어질 수 있었습니다.

이제 다시 새로운 출발점에 섭니다. 지난 삶의 굴곡을 한결같이 인도하신 하나님이 앞으로의 시간 역시 이끌어 주실 것을 믿으며, 다가올 만남을 또 새로운 마음으로 기대해 봅니다.

2009년 6월

박 미 리

part 1.
연극치료란
무엇인가

어두운 극장 안,
무대와 조명은 우리를 환상의 세계로 인도한다.
연극치료는 그것이 허구의 체험이라는 전제에서 출발한다.

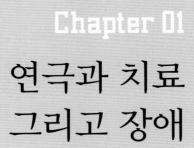

Chapter 01

연극과 치료
그리고 장애

'발달 장애'와 정서

예로부터 아이를 키우는 데 있어 다섯 가지 '늦어짐'이 있다고 한다. 즉, 말이 늦는 '어지', 서는 게 늦는 '입지', 걷는 게 늦는 '행지', 이빨이 더디 나는 '치지' 그리고 머리카락이 더디 나는 '발지'인데, 이러한 '오지'를 가리켜 오늘날 '발달장애'라고 한다. 그런데 사실 이러한 '늦음' 현상들은 시간의 흐름과 함께 대부분 회복되는데, 이 가운데 가장 늦게까지 회복되지 않는 것이 언어다. 다시 말해서 만 두 돌이 되면 대부분 다 서고 걸을 뿐 아니라, 이빨과 머리카락도 잘 자라게 되는데, 가장 우려되는 것은 예나 지금이나 언어가 늦어지는 것이다. 언어 발달은 단순히 단어와 문장 구사 능력만을 말하는 것이 아니라 총체적인 인지 영역에서의 발달 상태를 뜻한다고 볼 수 있으며, 그 바탕에는 사물과 사람에 대한 전반적인 이해력이 깔려 있다. 상황에 대한 적절한 이해가 좋은 대화를 가능케 하는 이유가 여기에 있다. 이처럼 언어 능력은 다른 사람과 정상적인 관계를 형성하게 하는 중요한 출발점이기 때문에 대부분의 부모가 가장 신경 쓰는 치료 영역이다.

그런데 문제는 발달이 늦는 것도 있지만 장애로 인한 마음의 상처 또한 같이 고려되어야 한다는 점이다. 말이 더디거나 행동이 느리고 적절한 반응을 하지 못하면 그로 인해 무시당하는 등 수치심을 경험하게 되는데, 이러한 경험들이 쌓이면 열등감이나 좌절감 등으로 억압되어 분노 또는 위축 행동으로 드러나기도 한다. 장애 치료에서 정서적인 어루만짐이 반드시 함께 이루어져야 하는 필수 요소인 까닭이 여기에 있다.

연극 예술과 연극치료

　인류 역사 초창기를 상상해 보자. 볼 만한 구경거리도, 즐기고 놀 만한 문화 환경도 없던 그 무렵, 사람들은 의식주의를 생산하는 행위 외에 무엇을 하면서 시간을 보냈을까. 나무 막대기나 돌멩이로 흙바닥에 무엇인가를 긁적이고, 가끔 풀잎으로 피리를 불기도 하고, 또 무엇을 두드리며 소리 내는 일에 몰두하기도 했을 것이다. 어떤 이들은 그냥 바람에 이끌리듯이 몸을 흔들며 그 느낌과 분위기를 즐기기도 했을 것이다. 그리고 이런 행위들이 조금씩 구체화되고 세련된 모습으로 다듬어지면서 미술과 음악, 무용이라는 예술로 승화되었을 것이다.

　이처럼 인류의 역사와 함께 시작된 예술 행위가 오늘날 단순한 향유의 기능을 넘어서 치료의 역할까지 담당하게 된 것은 무엇보다 예술의 본질적인 속성 덕분이었다고 할 수 있다. 그 속성은 대부분 초기 원시적인 형태들에서 기인함은 물론이다. 따라서 연극치료를 제대로 이해하기 위해서는 연극 예술의 기본을 아는 것에서부터 시작해야 하는 것이다. 그런데 연극에 대하여 편협한 시각으로 바라보고 있는 일반인들은 이를 연극치료에까지 적용하여 혼란을 주곤 한다. 그러한 인식 중 '연극은 공연'이라는 것을 들 수 있다. 이런 고정관념이 있기 때문에 사람들은 연극치료에 대해 흔히 다음과 같이 말하곤 한다.

> "연극치료라고? 말도 안 돼. 연극으로 어떻게 치료가 될 수 있어? 연극은 배우들이 무대에서 공연하는 건데."
>
> "연극치료? 우습군. 연극, 그거 노는 거잖아. 하긴 놀이치료도 있으니까 그런 맥락에서 연극치료라고 하면 가능하기도 하겠어. 요즘은 뭐든지 치료군."

다 옳은 말이다.

배우들이 무대에서 역할을 맡아 실제의 본인과는 다른 존재가 되어 낯선 세계를 보여 주는 공연, 우리는 그것을 연극이라고 부른다. 그런데 '연극＝공연'이라는 개념을 연극이란 오직 배우들만이 할 수 있는 것이라는 편협한 관점과 결부시키게 되면, 연극을 하고 즐기는 대상뿐만 아니라 그 공간까지도 공연이 행해지는 극장 안으로 제한하게 되는 결과를 가져온다. 연극에 대해 이처럼 단순하게 정의하고 단편적으로 보게 되면 그것이 지니고 있는 다양한 특성과 깊이는 과소평가되며, 그렇게 되면 우리는 연극으로부터 얻을 수 있는 많은 부분들을 놓치게 될 것이다.

연극은 분명히 공연이고 놀이이기도 하다. 하지만 그 의미는 복합적이면서 또한 광범위한 영역에까지 걸쳐 있다. 연극이 공연으로 완성되기까지 이미 보이지 않는 수많은 작업들이 선행되어 왔으며, 연극의 보다 깊은 의미들은 그처럼 다듬어지고 정제되어 가는 과정 속에 다 담겨 있다고 할 수 있다. 특히 연극치료의 경우에는 공연 자체도 중요하지만, 공연에 이르는 과정이 치료와 밀접하게 관련되어 있다.

연극에 대한 두 번째 오해는 아마도 연극과 실제 삶과의 관계일 것이다. 연극은 우리의 일상과 구분이 안 될 만큼 많은 유사성을 지닌 예술인데, 이는 무대 위에서 이루어지고 있는 일들이 우리의 인생을 그대로 재현하는 것이라는 의미는 아니다. 왜냐하면 실제 우리의 생활 속에서 연극이 많은 부분을 차지한다는 의미도 또한 내포하고 있기 때문이다. 가장 흔한 예로 소꿉놀이를 보자. 소꿉놀이는 남녀노소 할 것 없이 어린 시절 누구나 한 번쯤 경험하는 놀이다. 그 놀이에서 우리는 병원의 의사와 환자, 학교의 선생님과 학생, 회사의 사장님과 회사원 등 여러 가지 공간 속에서 활동하는 가상의 존재가 될 수 있었다. 그 속에서 우리는 엄마, 아빠, 형제자매 또는 친척이나 이웃사람이 되어서 평소 상상하던 세계를 구체적으로 보여 줌으로써 여러 극적 상황을 체험하기도 한다. 어떤 아이는 이전에는 한 번도 보여 주지 않았던 낯선 표정과 목소리로 천연덕스럽게 자신이 맡은 역을 해내어서 우리를 놀라게 하는가 하면, 아주 잘할 것 같았던 아이가 기대와 다르게 목소리조차 크게 못 내는 등 예상치 못했던 모습을 보여 주기도 한다.

이뿐만이 아니다. 우리가 잘 아는 누군가의 말투와 동작을 흉내 내는 친구를 보며 웃고 즐길 때, 그 자체는 이미 일상 속에서의 연극 행위인 것이다. 이처럼 일상과 너무도 유사한 것이 연극이지만, 그것이 예술이 되기 위해서는 아주 중요한 요소가 개입한다. 즉, 무대 위에서 이루어지고 있는 연극은 일상의 현실이 절대 아니라는 것, 다시 말해서 진짜가 아닌 가짜, 즉 허구라는 사실이 개입되어야 하는 것이다. 실제 현실은 예술이 될 수 없다. 그러나 그 현실과 매우 유사한 연극은 허구이기 때문에 예술로 승화될 수 있다.

그렇다고 해서 모든 허구가 예술이 되는 것은 아니다. 꿈이나 망상, 이런 것들 역시 허구이지만 예술은 아니다. 허구가 예술인 것은 그 안에 오랜 시간 공들인 정제와 세련의 승화 과정과 그 실체가 들어 있기 때문이다. 연극에서 승화의 결실은 무대 그리고 배우다. 무대는 때로는 미술이기도 하고 조형물이기도 하기 때문에 이를 예술로 받아들이는 것은 어떻게 보면 지극히 당연하다. 배우의 경우 그것은 내가 아닌 남이 되는 작업이며, 바로 이 작업의 섬세함과 아름다움으로 인해 연극을 배우 예술이라고까지 말한다. 배우 예술의 핵심은 내가 아닌 남이 되는 것이고, 연극이 치료로 기능하는 가장 중요한 요인 중 하나가 바로 이것이라고 할 수 있다.

연극에 대한 또 다른 오해는 그것이 종합예술이라는 사실에서 비롯된다. 연극은 하나의 예술이기보다는 음악, 미술, 무용, 문학 등 여러 종류의 예술들이 뒤섞여 있기 때문에 순수예술로 보기에 무리가 있다는 것이다. 심지어 연극이 과연 예술인가 하는 터무니없는 이야기까지 나오기도 한다.

지금까지 연극에 관한 몇 가지 오해들을 살펴보면서 그 오해의 이면에 존재하는 연극의 의미들을 간략하게 살펴보았다. 연극에서 공연은 매우 중요한 요소다. 그리고 그 공연의 핵심은 진짜가 아닌 가짜라는 것, 즉 내가 아닌 남이 된다는 사실에 있다. 바로 이것이 배우가 해야 하는 '모방' 작업이다. 또한 연극과 일상과의 긴밀한 관계는 연극이 배우와 극장의 전유물이 아니라는 사실을 말해 준다. 소꿉놀이를 통해서든지 아니면 다른 사람을 흉내 내어 본다든지 하는 식으로 우리는 어떤 식으로든 일상 속에서 배우가 되어 본 경험이 있는 것이다. 내가 아닌 남이 되어 보는 작업은 누구나 다 할 수 있고 즐길 수 있는 거의 본능과도 같은 행위다. 연극이 치료에 사용될 수 있는 또 하나의 이유는 바로 여기에 있다. 연극, 즉 모방은 본능적 행위이기 때문에 우리 안에 내재된 본능적 욕구를 보다 잘 파악할 수 있게 해 준다는 것이다.

연극은 이처럼 우리의 일상과 가장 유사하면서도 여러 예술 행위가 결합된 종합예술이다. 그 안에서 우리는 노래도 부르고, 소리치기도 하고, 아름다운 색과 조형물을 만나기도 한다. 그런가 하면 때로는 성큼성큼 걷기도 하고 때로는 우아하고 세련된 동작으로 손놀림을 하기도 한다. 또한 그 안에서 우리는 시간과 공간을 넘나들기도 하면서 여러 존재들과 만나게 된다. 이 모든 연극 행위들은 잠자고 있는 우리의 섬세한 감각을 일깨우고, 미처 모르고 있는 우리의 모습을 새롭게 바라보게 해 준다. 그러는 가운데 무한한 즐거움을 맛볼 수 있는 것, 그것이 바로 연극이다.

　연극의 또 다른 속성을 알아보기 위해 지금 이 순간 연극이 공연되고 있는 현장을 한번 상상해 보자. 극장에는 언제나 두 개의 공간이 있다. 배우들이 연기하는 무대 그리고 이를 바라보는 관객들이 있는 객석. 아니 보다 정확하게 말해서 어떤 공간이든지 무대와 객석으로 분리될 수 있으면 그곳은 곧 극장이 된다. 여기에서 우리는 서로 대조되는 세 가지 요소를 끄집어낼 수 있다. 무대 / 객석,

배우 / 관객, 연기하는 행위 / 바라보는 행위 그리고 이 가운데 말없이 주고받게 되는 의사소통의 분위기. 연극은 바로 이와 같은 두 존재의 만남이다. 그리고 이 만남에서 눈에 보이지 않는 관계가 형성되고, 그 관계 저변에는 상호 간의 신뢰가 깔려 있다. 그런데 이러한 관계는 배우와 관객의 사이에서만 일어나는 것이 아니다. 때로는 배우와 배우, 관객과 관객, 나와 또 다른 나 사이에서도 이루어진다. 이처럼 여러 만남이 교차하는 가운데 집단의 동일체감이 형성되는 것이다.

그렇다면 최초의 연극 행위는 어떤 것이었을까. 동서양을 막론하고 마을 전체의 행사가 있을 때면 사람들은 모두 빠짐없이 그 행사에 동참한다. 이를 위해 주최 측은 떼를 지어 가가호호 방문하여 사람들을 불러내기도 한다. 그리고 긴 행렬을 이루며 마을 축제가 벌어지는 곳을 향해 간다. 그리스의 디오니소스 축제가 그랬고 우리나라 마을굿의 시작이 그랬다. 그래서 최초의 연극 행위는 바로 이와 같은 행렬이라고 할 수 있다. 행렬은 다시 말해서 신체적 움직임이다. 움직임이 중요한 속성이 되는 예술은 연극과 무용이다. 그런데 무용이 신체적 움직임을 집중적으로 발전시킨 것이라면, 연극에는 그 외에도 꼭 필요한 요소들이 더 있어야 한다. 그것은 바로 대사, 즉 언어다. 이렇게 볼 때 보다 단순한 움직임으로 시작된 무용이 인류 최초의 예술이라는 사실은 매우 신빙성 있는 이야기인 것이다.

혼자서는 하기 힘든 집단작업이라는 연극의 특성은 이처럼 행렬과 대사라는 처음 형태에서부터 드러난다. 그래서 연극은 만남에서 시작된다. 그리고 연극치료 역시 소중한 만남에서부터 시작되는 것이다. 연극에서 배우와 관객이 만난다면, 연극치료에서는 치료사와 참여자, 참여자와 참여자가 만나는 것이다.

연극과 치료

연극치료는 만남에서 시작된다. 만남은 관계 형성이다.

그 집단은 아주 다양한 장애를 가진 아이들로 구성되어 있었던 만큼 처음 접근하고 친숙해지는 데 필요한 공통분모를 끄집어 내기가 어려웠다. 언어를 통한 의사소통도 자유롭게 이루어지지 않는 데다가, 신체적 움직임에도 그다지 흥미를 느끼지 못하고 제멋대로 왔다갔다 하는 아이들을 하나로 모으는 것은 예상했던 것보다 훨씬 힘들었다. 그 이유는 여러 가지가 있지만 무엇보다도 집단으로 모이는 훈련이 부족했기 때문이었다.

정규 수업과 같은 학교 활동에는 어느 정도 의무가 뒤따르기 때문에 집단으로 작업하기 수월한 데 비해, 우리의 활동처럼 자유로운 분위기를 조성하는 경우 아이들은 어느새 분위기를 파악하고는 흐트러지기 시작한다. 원을 만들자고 아무리 소리쳐도 아이들 두서너 명만 잠시 관심을 보일 뿐 저마다 딴청을 피운다. 그중에서 특히 정우(이후 이 글에 나오는 아이들의 이름은 모두 가명임을 미리 밝혀 둔다)는 집단으로 하는 것에 대해 뭔지 모를 두려움을 가지고 있었다. 경계심도 많을 뿐 아니라 함께 하다가도 누가 자신을 볼까 봐 신경을 쓰곤 하던 정우는, 그러면서도 주변을 떠나지 않고 호기심을 가지고 지켜보면서 맴돌았다.

우리의 작업을 시작하기 위해 무엇보다 절실한 것은 우선 아이들을 한 집단으로 만드는 것이었다. 하지만 이처럼 다른 반응을 보이는 아이들을 모두 함께 끌어들이는 것이 힘들었기 때문에 우리는 집단 대신 한 명 한 명 개인적으로 주의를 집중시키기로 하였고 이를 위해 제일 먼저 정우와 개별적인 만남을 시도하였다. 정우는 의사소통에는 별 문제가 없지만 지나치게 산만해서 어떤 이야기든지 길게 이끌고 갈 수 없었다. 처음에는 내가 주도적으로 이야기를 끌어내려고 시도하다가 방침을 바꾸어서 무조건 정우가 하는 대로 따라가 주기로 했다. 정우에서 나오는 단편적인 이야기들을 퍼즐 맞추듯 이어 보니 차츰 그 아이를 이해할 수 있게 되었다. 이런 과정을 반복하다 보니까 정우는 어느 새 집단 속으로 들어와 있었다.

정우와 개별적인 관계를 맺는 동안 그 옆에 있던 현지도 자연스럽게 합류하게 되었고, 이런 식으로 한 명, 두 명 개별적인 만남을 통해 아이들과의 관계가 형성되고 어느 정도 시간이 흐르자 아이들은 서서히 하나의 공동체가 되어 갔다. 만남의 시간들이 쌓여 갈수록 아이들은 우리에 대한 경계와 의심을 풀고 신뢰를 바탕으로 한 관계를 형성하게 된 것이다.

우리는 살면서 수없이 많은 사람들을 만난다. '만난다' 는 것은 누군가와 어떤 장소에서 직접 마주 대하는 것을 의미하지만, 신문이나 잡지, TV 등을 통해서 또는 소설이나 영화 같은 허구 세계 속에서 어떤 사람들을 보는 간접적인 것도 포함된다. 이처럼 직접적이건 간접적인 것이건 만남은 의사소통이 원활하게 이루어지는 것을 전제로 한다. 그래야만 서로 이해할 수 있기 때문이다. 이 의사소통의 기본 도구는 대개 언어다. 그리고 이것이 갖추어지면 관계 형성은 훨씬 쉬워진다.

계속 강조했듯이 연극치료의 시작은 만남이다. 그것은 물론 '지금-여기' 라는 직접적인 만남의 현장에서 이루어지지만, 허구의 세계 속에서 '어떤 인물' 과 만나는, 즉 역할을 보고 이해하는 간접적인 만남도 또한 중요한 의미를 지닌다. 이와 같은 직접 또는 간접적인 만남에 있어서 의사소통은 필수적인 요소가 되는데, 말이 통해야만 치료 작업이 진행되기가 수월해지기 때문이다. 특히 언어에 의한 의사소통에 아무 문제가 없는 아이들은 약간의 주의를 끌 만한 놀이만으로도 쉽게 하나의 집단으로 형성된다. 하지만 의사소통에 다소 어려움이 있는 경우 집단 작업을 시작하기까지에는 많은 노력과 시간이 요구되는 것이다.

발달장애아들과 함께 하는 연극치료에서 가장 먼저 대두되는 문제는 바로 이러한 만남, 즉 의사소통에 의한 관계 형성이다. 우리의 작업을 시작함에 있어 정우와 개별적인 만남을 먼저 시도하였던 것도 어떻게 보면 그 아이가 다른 아이들에 비해 언어에 의한 의사소통이 자유로웠기 때문이다. 그리고 그 만남 속에서 관계가 일방적이 아닌 상호 교류를 통해 이루어졌다는 사실 또한 중요한 점이었다. 타인에 대한 두려움과 경계심이 유달리 많았던 정우가 우리에게 마음을 열고 집단 속으로 들어올 수 있었던 것은 무엇보다도 자신의 이야기를 귀 기울여 들어주는, 바로 이와 같은 만남을 통해서였다. 이 만남은 교사와 학생의 관계로 출발하였지만 때로는 배우처럼 함께 놀면서, 또 때로는 친구들의 활동을 함께 지켜보는 관객으로서 보이지 않는 신뢰감을 쌓아 갈 수 있었다. 이런 과정을 통하여 작업에 참여하는 모든 구성원에 대해 친밀감을 느끼는 계기를 마련하였던 것이다.

만남과 관계 형성은 사실 어느 환경, 어느 집단이건 간에 공통적으로 우선시되어야 하는 동시에 반드시 일정한 시간을 필요로 하는 작업이다. 앞에서 인용한 특수학교 집단의 경우 모두 함께 작업할 수 있도록 동그랗게 원으로 모이기까지 꽤 오랜 시간이 걸렸는데, 이는 치료 차원의 것이었기 때문에 마땅히 그래야만 했다고 볼 수 있다. 처음 우리의 작업을 주의 깊게 지켜보던 특수교육 현장의 선생님은 매우 인상적인 말을 했다.

"연극치료는 어쩌면 우리가 해 주지 못하는 영역을 담당해 줄 수 있겠군요."

{ 귓속말 전달은 민감한 소리 자극을
활용하여 촉각과 청각 등의 감각을
깨우는 좋은 방법이며,
또한 집중력 향상에도 도움이 된다.

이 말은 여러 의미로 해석할 수 있는데, 특히 교육과 치료 영역의 근본적인 차이에 대해 많은 생각을 하게 한다. 교육이 아이들로 하여금 어떤 일정한 지적 수준에 도달하도록 이끄는 작업이라면, 치료는 대상자들이 자신의 문제들을 신체적·정서적으로 치유하고 회복하여 잘 살 수 있도록 도와주는 것이다. 두 영역 모두 아이들의 자발성이 매우 중요한데, 전자보다는 후자에서 더욱 그러하다. 지적 영역에서 무엇인가를 자신의 것으로 습득하게 하는 교육자는 아이들을 교육할 수 있도록 꼭 필요한 여건 속에 적응시켜야 하는 과제를 가지고 있다. 예를 들어 자리에 앉아 교사의 가르침을 배우고, 주어진 과제를 이행해야만 그다음 단계로 넘어갈 수 있는 것이다. 이에 비해 치료는 교육 차원보다 대상자들에게 부과되는 조건이 더 무제한적이다. 교육을 통해서 아이들은 어느 정도 같은 틀 안에서 유사해지는 부분이 있는 데 비해, 치료는 대상자들의 개별적인 상황을 충분히 고려하여 진행함으로써 저마다 다른 성과를 얻게 된다. 이를 위해 치료에서는 교육에 비해 한층 다양하고 풍부한 자유와 선택권이 아이들에게 주어지게 되며, 따라서 더욱 많은 시간이 소요되는 것은 당연한 일인 것이다.

이처럼 교육과 치료는 그 목표가 서로 다르기 때문에 교사와 치료사가 차지하고 있는 위치는 유사하면서도 다르다고 할 수 있다. 즉, 교사의 역할이 아이를 이끌어 주는 '가이드'라면, 치료사는 옆에 서서 도와주는 '헬퍼'라고 할 수 있는 것이다. 이렇게 볼 때 치료사는 교사의 역할을 포함하여 보다 더 많은 역할을 감당해야 하고, 그만큼 더 많은 자질과 요건을 갖출 것이 요구된다. 가장 중요한 요건은 자신이 만나는 대상의 모든 면에 대해 치료사는 충분히 그리고 철저하게 알고 있어야 한다는 점이다. 대상자가 어떤 성격의 소유자인지, 어떠한 문제점들로 인해 어떤 어려움을 겪고 있는지, 그가 원하는 것은 과연 무엇인지, 또한 그가 할 수 있는 것과 할 수 없는 것은 어떤 것들인지 등등에 대해서 잘 파악하고 있어야 한다. 그래야만 제대로 된 치료를 할 수 있으며, 그 결과 그가 스스로 회복하고 치유되도록 도울 수 있기 때문이다.

연극과 치료 그리고 장애

이제 연극치료에 대한 설명을 본격적으로 시작하기에 앞서 장애에 대해 간략하게 이야기하고자 한다. 장애는 이미 유형별로 세분화되어 상세히 설명되어 있으며, 어느 치료 영역에서든지 그것을 주요 진단 기준으로 삼고 있다. 그런데 연극치료에서는 이와 함께, 연극 행위에 적합한 신체적 행동과 표현 양상 등이 어떻게 나타나는지 다음과 같이 살펴보아야 한다.

❶ 눈맞춤은 어느 정도인가?

❷ 신체적으로 활동할 수 있는 부위는 어디까지인가?

❸ 언어적 표현 능력은 어느 수준인가?

❹ 언어적 · 신체적 의사소통은 원활한가?

❺ 신체 접촉을 어느 정도 느낄 수 있는가?

❻ 특별한 이상 신체 행동은 어떤 것들이 있는가?

❼ 음악 또는 음향에 어떻게 반응하는가?

❽ 감정을 어떤 식으로 드러내는가?

❾ 다른 사람에 대해 어느 정도 의식하는가?

❿ 이야기를 어느 수준까지 인지하는가?

⑪ 집단 작업을 얼마만큼 자유롭게 할 수 있는가?

⑫ 다양한 역할을 어느 정도 소화할 수 있는가?

⑬ 특별히 좋아하거나 싫어하는 사람은 누구인가?

⑭ 같이 하는 친구들에 대해 어느 정도 배려하는가?

⑮ 폭력 또는 자해 성향이 있는가?

⑯ 상상력을 어떻게 발휘하는가?

⑰ 무엇을 두려워하고 무서워하는가?

⑱ 어둠에 대해 어떻게 반응하는가?

⑲ 인형과 같은 투사물을 어떻게 이해하고 사용하는가?

⑳ 사물 조작 능력은 어느 수준인가?

이 외에도 조사할 양상은 많지만 기본적으로 이러한 분류는 사실상 연극 작업을 위한 전반적 점검일 뿐 장애 자체와는 별로 관련이 없다. 그보다는 오히려 이처럼 신체 움직임, 감각, 감성, 감정, 인지 등의 영역을 고루 살핌으로써 앞으로 진행하게 될 실제 연극치료 작업 과정에 대한 참여자의 수준을 파악하는 것이 더 유효하다는 것이다. 그래야만 어떤 증상을 완화하기 위해서는 어떤 기법을 사용하는 것이 효과적인가 하는 것을 제대로 파악할 수 있기 때문이다.

연극치료를 진행하면서 우리는 실제로 아이들의 장애 정도와 그 분류 기준이 우리의 작업과는 무관함을 보여 주는 사례를 많이 경험하였다. 지능지수가 70 이하이기 때문에 암기 능력이 없다는 아이들이 연극을 하면서 대사를 줄줄 외운다든지, 한 번 슬쩍 본 연기를 대사 하나 틀리지 않고 그대로 따라한다든지, 상상할 줄 모른다던 아이가 허구 작업을 신나게 즐긴다든지 하는 경우가 종종 있었던 것이다. 앞으로 연극치료의 진단 평가가 구체적이고 체계적으로 정착되면,

이를 토대로 장애 분류를 새롭게 하는 데에도 기여하게 될 것으로 기대한다.

우리나라에서 본격적인 연극치료는 사실 이제 막 시작되었다고 해도 과언이 아니다. 그런 만큼 기존의 선입관은 가급적 배제하는 것이 바람직하다. 장애 분류가 물론 중요하지만, 그다지 큰 의미를 두지 않는 것도 바로 그와 같은 이유에서다.

관계 형성을 위한 방법 하나 [기차놀이]

연극치료 시간, 아이들은 자유롭게 흩어져 있다. 여기저기 흩어져서 각자 하고 싶은 일에 몰두하고 있는 이들을 한데 모아 무엇인가 하기 위해서는 한 줄로 세워서 말을 듣게 하든지 아니면 원을 만들어서 서로 바라볼 수 있도록 해야 한다. 그런데 자신들이 하고 싶은 대로 마음껏 할 수 있다는 것을 아는 아이들을 하나로 모으는 일은 쉽지 않다. 자유로운 분위기에서 아이들이 자발적으로 참여할 수 있도록 이끌기 위해서는 동기유발이 제대로 이루어져야 하는데, 이럴 때 가장 좋은 방법의 하나가 기차놀이다.

어린 시절 누구나 해 봤을 기차놀이 방법을 그대로 사용하여 몇 사람이 넉넉하게 들어갈 수 있는 줄을 커다랗게 원 모양으로 묶는다. 그다음, 원으로 만들어진 줄 안에 들어가 다 같이 양손에 줄을 잡으면서 한 줄로 선다. 맨 앞에 선 사람은 기관사, 가운데 있는 사람들은 승객, 마지막에 선 사람은 차장, 이런 식으로 역할을 나눈다. 산만한 아이들이 많을 경우 선생님들이 사이사이 끼어드는 것도 좋다. 기관사 역을 반드시 선생님이 할 필요는 없다. 나서기 좋아하거나 누군가와 격리시켜야 할 필요성이 있는 아이가 있으면 그 아이를 맨 앞에 세우고 선생님이 그 다음에 위치하는 것이 바람직하다.

기차놀이의 장점은 적당한 규칙을 삽입할 수 있다는 것 그리고 일종의 공간 탐험으로 확장할 수 있다는 점이다. 이 놀이는 특히 발달장애아들에게 효과적인데, 그들에게 함께 하기 위해서는 규칙을 지켜야 한다는 사실을 인지시키는 방법으로 탁월하다. 가장 쉬운 규칙으로는 함께 출발하고 함께 정지한다는 것을 비롯하여, 몇 군데 역을 설정하여 그곳에 이르면 어떤 행동을 해야 한다는 등 간단한 규칙들을 함께 인지하게 되는 것이다. 이를 공간 탐험으로 확장하여 각각의 역에 다양한 상상의 공간을 설정하면 아이들의 각 공간에 대한 인식은 더욱 활발해진다. 예를 들어 산꼭대기에서 '야호'라고 외치며 내려오고, 강 위 철교를 지나면서 손을 흔들어 보고, 벼랑 끝을 지나면서는 스릴도 느껴 보고, 심지어는 바다 속이나 달나라, 별나라까지도 갔다 올 수 있게 되는 것이다.

이처럼 연극적 허구 상황을 단순한 기차놀이에 삽입하여 진행하는 것은 아이들에게 즐거움과 재미를 주면서 규칙을 알 수 있게 하고, 이를 연극 작업으로 확대하게 하는 것 이상의 효과를 가져올 수 있다. 즉, 첫 만남에서 바람직한 관계 형성을 하게 될 뿐만 아니라 낯선 공간에 자연스럽게 익숙해지도록 하는 것이다.

연극치료는
다른 사람들의 극 행위를 보는 것만으로도 효과가 탁월하다.
볼 수 있는 힘만 있으면 연극치료가 가능하다는 말은 바로
여기에서 비롯된다.

Chapter 02

치료를 위한
연극의 속성, 하나

연극치료에 관한 몇 가지의 정의

"연극치료는 사회적·심리적 문제와 정신질환 및 장애를 이해하고 증상을 완화시키며, 상징적 표현을 촉진하는 수단으로서 이를 통해 참여자들은 음성적이고 신체적인 소통을 유발하는 창조적 구조 안에서 개인과 집단으로서 자신을 만날 수 있다."

영국연극치료협회(B.A.D.), 1979*

"연극치료는 증상 완화, 정서적이고 신체적인 통합, 개인의 성장이라는 치료 목표를 성취하기 위해 의도적으로 연극을 활용하는 것이다."

미국연극치료협회(N.A.D.), 1982*

"연극치료는 다른 예술치료처럼 창조적 매체를 심리치료에 활용하는 것이다. 구체적으로 말하자면 참여자와 치료사 간에 연극이라는 치료적 매체를 심리치료에 활용하는 것이다. 즉, 연극치료는 참여자와 치료사 간에 치료적 이해가 확립된 상태에서 치료 목표가 진행되는 활동의 우연한 부산물이 아니라 그에 우선하는 활동을 말한다."

David Read Jonson, 1980*

치료 시간이 되어서 아이들이 하나둘씩 공간 안에 들어온다. 보통 아이들 같으면 모이자는 선

---

* Robert Landy, 『억압받는 사람들을 위한 연극치료』(이효원 역, 울력, 2002), 92-93쪽에서 재인용

생님의 말 한마디에 적당히 눈치 보면서 자기가 하고 싶은 것을 하다가도 모이기 시작하는데, 우리 아이들은 속수무책이다. 아무런 반응도 보이지 않는 아이들은 양손에 잡고, 대화가 되는 아이들에게는 말로 지시하면서 모든 아이들을 원으로 모은다. 그러나 잠시 모였다 싶으면 아이들은 어느새 흩어져 자기가 좋아하는 곳으로 가서 무엇인가를 하고 있다. 하지만 함께하는 시간이 점차 많아지면서 아이들은 원을 이루거나 줄을 섬으로써 하나가 된다. 이렇게 되면 우리는 집단 작업을 시작할 수 있다. 아이들과 작업하기 위해 제일 먼저 해야 하는 것은 이처럼 한 집단으로 만드는 것이었고, 이런 아이들을 모을 수 있었던 가장 큰 힘은 다름 아닌 '본다'는 것이었다.

연극은 '보고 듣는' 것이다

연극치료는 보고 듣는 것에서 시작된다.
그것은 의사소통의 출발점이 될 수 있다.

미나는 얼핏 보기에 중증 자폐아 같지만 심한 뇌손상을 입은 장애아로서, 집단의 아이들과 의사소통이 거의 되지 않을 뿐만 아니라 집단이라는 의식조차 없어 보였다. 15세였지만 지능 수치를 알 수 없을 만큼 모든 기능이 최저 수준인 데다, 움직이는 것을 싫어해서 먹는 것을 제어하지 않으면 지금도 큰 몸집인데 더 비대해질 위험이 있었다. 미나가 무슨 생각을 하는지, 무엇을 하고 싶어 하는지는 아이의 유일한 통로인 어머니만이 알 수 있었으며, 평소에는 교실에서의 활동에도 거의 참여하지 않고 주로 자기만의 세계에 빠져 있었다.

늘 친구 손에 이끌려 들어오던 미나는 특히 움직이는 것을 싫어했다. 그래서 작업 내내 따뜻한 난방 시설 위에 올라앉아서 우리 쪽에는 시선조차 주지 않은 채 무심하게 똑같은 움직임을 반복하거나 알아들을 수 없는 혼잣말을 하곤 하였다.

도무지 우리 작업을 따라할 수 있을 것 같지 않아서 처음에는 적극적으로 끌어들이지도 않고 자신이 원하는 곳에 그냥 있도록 하였다. 그런데 어느 날 가까이 가서 들어 보니 미나는 놀랍게도 우리가 작업 중에 했던 말들을 중얼거리고 있었다. 그래서 미나에게 지금까지 우리가 했던 것들에 관해 질문을 던져 보았다. 그랬더니 극히 단편적이긴 해도 즉각적으로 툭툭 몇 가지 대답을 하는 것이었다. 미나는 우리가 하는 활동에 시선 한 번 주지 않으면서도 다 지켜보고 있었던 것이다. 그 순간 나는 미나에게로 갈 수 있는 환한 통로를 발견할 수 있었다.

처음에는 우리와 작업을 함께하기 힘든 정도의 장애를 가지고 있다고 생각했지만 그것은 어디까지나 오산이었다. 무엇인가를 보고자 할 때, 누구나 다 눈을 똑바로 뜨고 쳐다보는 것은 아니다. 곁눈질을 하거나 또 때로는 전혀 보지 않는 것 같아도 그들은 나름대로 보고 듣는 것이다. 이처럼 보고 듣는다는 것은 외부에 대한 관심을 뜻한다. 관심은 다시 말해 반응하고 싶다는 신호이며, 그것은 곧 소극적인 의사소통의 표현이다. 따라서 어떤 식으로든지 의사소통의 통로를 찾을 수 있으면 누구나 연극치료의 대상이 될 수 있는 것이다.

우리가 하는 것들을 단편적으로나마 보고 듣는다는 것을 알게 된 뒤, 우리는 미나가 조금씩이라도 관심을 보이면 그 순간에 재빨리 미나를 작업에 합류하도록 했다. 시간이 지나면서 미나는 다른 친구들이 하는 것을 어느 정도 따라할

수 있게 되었고, 마침내 친구들과 함께 무대에 서서 즐거운 시간을 보낼
수 있었다.

이후 우리는 아이들이 우리가 무엇을 하는지 보지도 않으면서 전혀 무관심
한 반응을 보이고 자기 멋대로 행동할 때에도 아랑곳하지 않고 극을 진행하였
다. 그 아이들이 단지 집중하여 보지 않을 뿐, 같은 공간에서 무슨 일이 벌어지
고 있는지 다 보고 듣는다는 것을 잘 알기 때문이었다. 이렇게 어느 정도의 시
간이 흐르자, 아이들은 한 명도 예외 없이 우리 작업에 참여하게 되었다.

모든 치료가 그렇듯이 연극치료에서도 가장 중요한 요인은 결국 대상,
즉 참여자다. 어떤 문제를 갖고 있는지, 어떤 상황인지, 어떤 신체 구조인지, 어
떤 결함이 있는지 등등 참여자의 현 상태에 적합하게 치료가 적용되어야 하기
때문이다. 따라서 100명의 장애아가 있으면 100가지 장애가 있다는 말과 마찬
가지로, 100명의 환자를 위한 치료 방법은 100가지 종류라고 할 수 있다. 그만
큼 치료는 지극히 개별적인 작업인 것이다. 하지만 그래도 최소한의 공통점을
찾는다면 그것은 역시 의사소통의 문제라고 할 수 있다.

대다수의 사람들은 앞서도 말했듯이 연극치료가 어느 정도 의사소통이 가능
한 상태를 전제로 한다고 생각한다. 그리고 그 수준을 언어에 의한 것으로 단정
짓는다. 물론 언어를 통해서 의사를 주고받을 수 있다면 더할 나위 없지만, 그렇
지 않을 경우 최소한의 손짓 발짓으로 자신이 원하는 표현을 할 수 있는 정도만
되어도 연극치료는 충분히 가능하다. 그런 행동이 있다면 상대방이 무엇을 요구
하는지, 또는 어떤 것을 원하는지 파악할 수 있고 그에 따른 지시를 할 수 있기
때문이다. 그렇다면 이 정도의 의사소통조차 원만하게 이루어지지 않는 사람들

에게는 연극 행위가 불가능한 것일까? 방금 예시한 미나가 여기에 해당하는데, 이 경우 의사소통이 불가능하다기보다는 오히려 의사소통의 욕구가 없다는 표현이 적절할 것이다. 그리고 어쩌면 바로 이와 같은 경우가 연극을 행하기에 가장 힘든 대상일 수 있다.

하지만 의사소통은 인간의 본능적 행위 가운데 하나다. 우리는 의사소통을 통해서 자신이 필요로 하는 것을 얻을 수 있고 또 원하는 삶을 영위할 수 있다. 미나처럼 의사소통의 필요성을 그다지 느끼지 못하는 경우라고 할지라도, 보고 듣고 소리를 내면서 자신이 필요한 것을 요구하기도 하며 최소한의 의사 표현을 하기도 하는 것이다. 일반적으로 보고 듣는 행위는 자발성 없이도 이루어지는 행위다. 엄밀히 말하면 이것은 주의 깊게 '보는(watch)' 것이 아니라 그냥 '보이는(see)' 것이고, 귀 기울여 '듣는(listen)' 것이 아니라 그저 '들리는(hear)' 것이다. 전자는 능동성과 자발성이 내포되어 있는 반면, 후자는 수동적인 것으로 단지 존재하는 것만으로도 가능한 행위다. 미나가 '보고(see)' '들을(hear)' 수 있었던 것은 바로 우리의 활동 공간 속에 '존재'하였기 때문이다.

여기에서 우리는 연극치료의 대상에 대해 생각해 보게 된다. 연극치료는 과연 어느 정도의 연령층과 문제를 지닌 사람들에게 적용할 수 있는 것일까? 일반적인 연극 행위는 앞에서 말한 것처럼 기본적으로 의사소통과 움직임이 가능해야만 이루어질 수 있다. 즉, 연극은 행동이기 때문에 조금이라도 움직일 수 있으면 연극을 할 수 있다는 말이다. 연극치료가 연극 행위와는 또 다른 영역이지만, 미나와 같이 능동적으로 움직일 의사가 없다고 해도 최소한 보거나 듣는다면 연극치료가 이루어질 수 있는 발판은 마련되는 것이다. 아니 설사 보거나 듣지 못한다 해도 그 자리에 '존재'하기만 한다면, 그 대상에게는 가장 소극적인 의미라 할지라도 연극치료는 행해질 수 있는 것이다. 함께 할 수 있는 작업으로서가 아니라 단순히 감상적 측면에서만 이루어진다 해도 연극치료는 가능한 것이니 말이다. 따라서 움직이지 못해도 눈앞에서 벌어지는 일을 보고 들을 수 있다면 누구나 연극치료의 대상이 될 수 있다.

여기에서 가장 중요한 점은 그 대상자가 즐겨 하는, 그러면서도 비교적 민감한 외부로의 통로를 먼저 찾는 것이다. 미나처럼 눈맞춤도 전혀 되지 않고 일체의 외면적 행동 방식을 보여 주지 않는 경우라 할지라도 시각적·청각적인 시도에는 반응을 하였기 때문에, 우리는 이러한 감각적 소통을 시작으로 서서히 미나에게 다가갈 수 있었고, 차츰 그 이상의 것을 끌어낼 수 있었던 것이다.

'보거나 듣는' 행위의 중요함은 단순히 연극치료를 하기 위한 통로의 수단으로 국한되지 않는다. 그것은 바로 'theatertherapy'의 핵심이기도 하다. 연극치료에 해당하는 영어 단어는 'dramatherapy'와 'theatertherapy' 등 두 가지가 있는데, 그 의미는 약간 다르다. 'drama'는 그리스어 'dran'에서 비롯된 것으로, 'dran'은 'do', 즉 행동한다는 의미다. 이에 반해 'theater'는 그리스어 'theatron'에서 비롯된 것으로, 이는 객석이라는 의미다. 따라서 전자가 행동, 즉 과정 중심의 치료를 강조하는 것이라면, 후자는 관객과 배우로서 서로 보고 보여 주는 공연적 의미를 더 강조한다. 다시 말해서 연극에서 관객이 되어 보기도 하고 배우가 되어 연기도 해 보는 것은 이미 그 자체로서 치료의 효과를 볼 수 있다는 뜻이다. 이 같은 사실은 실제로 집단 연극치료를 행할 때 충분히 확인되는데, 여기에서 우리는 '본다'는 것이 단순히 의사소통의 통로일 뿐만 아니라 지적 인식으로 기능하는 것임을 알게 된다.

자신의 몸으로 무엇인가
표현한다는 것은 이미 극적 행위를 할 수 있다는 것을
의미하며, 이처럼 신체를 이용한 집단 허구 활동은
감각과 감성을 자극한다.

연극은 '움직이는' 것이다

연극치료는 움직임에서 출발한다.
움직임은 이해와 변화의 시작이다.

다운증후군 아이인 지연이는 그 집단에서 지능이 높은 편이지만, 친구들을 잘 꼬집는 등 공격적인 성향이 많아서 눈 깜짝할 사이에 주변의 아이들을 울리곤 하였다. 게다가 말이 없어서 처음에는 언어 능력이 결여된 줄 알았다. 말을 알아듣는 것은 전혀 문제가 없었는데 아무리 말을 시켜도 소리 없이 입만 벙긋벙긋할 뿐이었다. 그런데 선생님 말에 의하면 어머니와 전화통화 할 때 보면 거의 정상아처럼 말을 잘한다는 것이었다. 실제로 친구에게 무심코 이야기할 때 보니, 말하는 것이 아주 자연스러웠다. 하지만 우리가 말을 거니까 또다시 침묵하였다.

지연이는 또한 샘이 많아서 활동을 시작할 때 자신에게 먼저 아는 척하지 않으면 내내 토라져 있었으며, 전반적으로 활동에 들어오기보다는 진행을 방해하는 편이었다. 초반부에는 자기가 재미있다고 느끼는 활동에는 들어와서 함께 하다가도 다른 친구와 같이 집단 밖으로 나오는 등 멋대로 행동하는 경향이 많았는데, 점차 참여하는 비율이 높아졌다.

지연이는 특히 이야기를 들려주는 것을 좋아하였는데, 전화놀이를 하면서 자신도 모르는 사이에 말을 하곤 하였다. 하지만 지연이가 무엇보다도 좋아하는 것은 물을 떠 마시는 허구 동작이었다. 신체적으로 통통한 편인 데다가 전반적으로 움직임을 싫어하는 지연이는 처음 허구 동작에서 물 마시는 것을 했을 때, 그 행위가 마음에 들었는지 그 시간 내내 물 떠 마시는 동작만 반복하였다.

이후 우리는 지연이를 위해서 허구의 움직임 작업을 의도적으로 많이 배려하였으며, 이를 시작으로 지연이는 우리의 활동에 조금씩 더 적극적으로 참여하게 되었다.

이후로도 지연이는 나를 보면 언제나 물부터 떠 주는 행위를 하였고 또한 나는 그것을 기꺼이 마셔 주었다. 지연이에게 있어서 물 떠 마시는 허구 동작은 움직임을 이끌어 주는 중요한 계기였다. 그리고 그 움직임을 함께 나누면서 공감대를 형성하게 되었다. 어떤 행위를 스스로 즐긴다는 것, 그것은 연극치료에 있어서 이해와 변화의 시작이다.

연극의 유명한 명제 중 하나는 아리스토텔레스가 말한 '행동의 모방'이다. 이 말을 무대 위의 배우에게 적용시켜 보자. 어떤 배우가 연극에서 리어왕을 맡게 된다. 그는 실상 이십대의 건장한 청년이지만 무대 위에서는 팔순의 노인, 그것도 광기 어린 리어왕이 되어야 한다. 그가 보여 주어야 하는 것은 왕으로서 위엄이 넘치면서도 한편으로는 광기 때문에 비정상적인 행동을 하는 인물이다.

그는 자신이 맡은 역을 잘하기 위해서 여러 노인들을, 특히 리어왕과 유사한 사람들을 세밀하게 관찰한다. 그는 작품에 나오는 리어왕의 행동들을 이해하려고 애를 쓰고, 그 결과 그가 그 상황에서 왜 그런 행동을 하였는지 납득할 수 있게 된다. 그런 뒤에 그는 리어왕이 할 만한 구체적인 행동에 대해 생각하고 이를 자신의 것으로 체득한다. 다시 말해서 리어왕의 행동들을 모방하는 것이다. 왜냐하면 그가 무대에서 보여 줄 수 있는 것은 결국 리어왕의 행동이기 때문이다. 그래야만 관객들은 그가 모방하는 행동들을 통해서 리어왕이라는 인물을 이해할 수 있게 된다.

배우가 '하는' 행위든지 아니면 관객이 '보는' 행위든지 간에 모든 연극 행위의 중심에는 행동이 있다. 그리고 이와 같은 '행동의 모방' 이면에는 이처럼 그 표현의 의미를 함께 공감할 수 있다는 전제가 깔려 있다. 여기에는 우리가 궁극적으로 같은 생각을 하고 행동하는 존재라는 공동체 의식도 포함된다.

연극치료도 이와 마찬가지다. 앞에서 말한 것처럼 보고 들을 수 있는 것만으로도 연극치료는 가능하다. 하지만 이는 매우 소극적인 의미에서의 연극치료이며, 보다 적극적인 연극치료를 하기 위해서는 움직임이 수반되어야 한다. 앞에서 지연이가 보여 준 '물 떠 마시는' 행위는 단순한 움직임이 아니다. 그것은 우리 활동의 중요한 부분인 허구 동작이 어떤 의미를 지니는지 이해하였다는 것을 보여 준다.

허구 동작은 연극 행위를 함에 있어서 기초가 되는 일종의 '약속 의식' 이다. 물이 없는데도 있는 것처럼 의식하는 것, 보이지 않는 물을 손으로 떠서 마신다는 것은 그와 같은 연극적 상황을 사실처럼 받아들이고 이해한다는 긍정이자 연극적 관습에 해당한다. 그리고 그 행위를 즐겁게 한다는 것은 무엇보다 연극을 하는 집단의 일원으로 들어왔음을 알려 주는 표현인 것이다.

친구들과 같은 움직임을 하며 이를 즐긴다는 것은 나만의 세계에서 벗어나 타인의 존재를 인식하고 공감대 형성이 이루어졌다는 것, 또한 그들과의 공동체 의식이 싹트기 시작했다는 것을 의미한다. 이제 지연이는 어머니 외의 다른 사람과도 소리 내어 이야기할 수 있게 되었고, 친구들을 공격하는 성향도 눈에 띄게 줄었다. 자발적인 움직임은 이처럼 자신이 이해하고 변화하기 시작한다는 것을 알려 주는 행동이었던 것이다.

연극은 '감각'을 자극한다

연극치료에서 감각 느끼기는 중요하다.
그것은 인식의 첫걸음이다.

준식이는 발달장애 쌍둥이 형제 중 동생이다. 나이는 일곱 살이지만 세 살 정도의 생활 능력을 보이는 두 형제는 각기 다른 성향을 지니고 있었다. 두 아이는 전반적으로는 비슷한 수준의 장애를 보이고 있었고, 그래도 준식이가 형보다 조금 나은 상태였다. 처음 진단을 위해 그림을 그리라고 했더니 준식이는 형태는 있지만 매우 가는 선으로 여리게 그린 반면, 형은 형태는 없이 과감한 선으로 종이를 가득 메웠다. 그림을 통해서도 나타났듯이 준식이는 형에 비해 더 잘 할 수 있는데도 불구하고 유독 자신감이 많이 부족했다. 그래서인지 잘 참여하다가도 어느 순간 형을 의식하고는 형이 하는 뒤처지는 행동을 따라하는 산만한 모습을 보이곤 하였다.

연극 보기도 잘하고 치료사가 하는 대로 곧잘 따라오는 준식이가 무엇보다 꺼리는 부분은 바로 감각적인 자극에 대한 반응이었다. 특히 촉각과 관련된 행동들을 싫어해서 물건을 과감하게 만지는 일도 극히 드물었고, 신체 접촉을 좋아하지 않아서 누군가와 손을 잡거나 앞이나 뒤에서 안아 주는 것도 거부하였다. 이처럼 일차적인 접촉조차 제대로 이루어지지 않았기 때문에 작업 과정을 점차적으로 향상시켜 진행하기에 어려움이 많았다. 준식이를 위해 우리는 공간을 어둡게 만들고 함께 누워서 접촉에 집중하는 시간을 늘리기로 하였다. 처음에는 누웠다가도 금방 일어나서 깔깔대던 준식이가 점차 어둠에 익숙해지고 조용히 깔리는 음악 소리를 들으면서 치료사의 손길을 거부하지 않고 조금씩 즐

기기 시작했다. 머리를 만져 주고 팔과 손, 등과 배를 부드럽게 쓸어 주는 치료
사에게 어느덧 적응한 준식이는 자기가 먼저 치료사를 만질 뿐만 아니라 그 누
구와도 서슴지 않고 손을 잡을 수 있게 되었다.

신체 접촉에 익숙해진 준식이는 단순히 촉각만 즐기게 된 것이 아니었다. 촉
각을 비롯하여 시각 · 청각 등 모든 감각을 예민하게 느낄 수 있게 되었고, 그러
면서 차츰 산만하던 모습이 없어지고 집중력이 매우 좋아졌다. 몇 개월 후 준식
이가 그린 그림에는 이전과 달리 대담한 선으로 이런 저런 물체들이 가득 그려
져 있었다. 이미 준식이의 행동을 보면서 자신감이 많이 생겼음을 알 수 있었는
데, 그림을 통해 이를 새삼 확인하게 되었다.

어두컴컴한 극장 안, 조명은 연극 무대만 밝히고 있다. 왜 연극 공연은 이
처럼 어두운 공간에서 해야 하는 걸까. 물론 그 옛날 실내극장이 없었던 시절에
는 환한 대낮 탁 트인 공간에서 공연이 이루어졌다. 우리나라의 마당극이 그랬
고, 서양에서도 16세기 들어서면서 실내극장이 생기기 전까지는 태양을 조명
삼아 연극 무대가 펼쳐졌다. 그 대표적인 예가 코메디아 델라르테(commedia
dell'arte, 16세기 이후 성행했던 이탈리아 극 형식)다. 그 당시 공연에서는 이처럼
열린 공간 탓이었는지 배우와 관객의 경계가 엄격하게 구분되지 않았다. 그래서
관객들은 배우들에게 적극적으로 반응하였고, 배우들 또한 이 같은 관객들의 호
응에 순간 순간 대처하면서 연기에 임하였다.

공연에서 관객과 배우의 공간이 구분되기 시작하면서 무대가 보여 주는 극적
환상은 더욱 배가되었다. 관객들은 어두운 극장 안에서 오직 무대 위의 세계만
이 전부인 양 몰입하여 배우들과 함께 울고 웃을 수 있었다. 적어도 그 순간에는

관객들이 속한 현실 세계는 사라지고, 배우들이 보여 주는 환상의 세계만이 현실로 존재했던 것이다.

이와 같은 '극적 환상' 또는 '극적 동일시'는 관객의 입장에서 시각과 청각을 주로 하여 온 힘으로 집중했을 때 생겨나는 효과다. 이러한 감각을 집중하면서 극 속에 몰입할 수 있게 되고, 그 결과 마치 자신이 무대 위의 배우가 된 듯한 착각까지 일으키게 되는 것이다. 여기에 무대와 객석의 분리 그리고 극장 안에 깔린 어둠 등이 확실하게 기여하였다는 것은 말할 필요도 없다.

극장 속 어둠이 관객의 감각을 자극하여 집중하게 했다면, 연극치료에서 어둠은 참여자의 감각을 깨우는 데 큰 도움이 된다. 사실 연극치료에 있어서 참여자들의 감각을 자극하는 것은 매우 중요하다. 특히 발달장애의 경우에는 더욱 그러한데, 왜냐하면 발달장애아들은 특정 감각만 유독 발달하거나, 아니면 대부분의 감각적 자극에 별로 반응하지 않는 아이들이 많기 때문이다. 준식이는 심한 편은 아니지만 후자에 해당되며, 따라서 감각 자극이 우선적으로 필요한 상황이었다. 준식이로 하여금 신체 접촉에 익숙해지도록 하기 위해서 조명을 어둡게 한 것은 매우 효과적이었다. 하나의 감각에 집중하도록 하기 위해서는 다른 감각들로 분산되는 것을 차단할 필요가 있으며, 이 경우 촉각을 위해서 특히 시각을 차단한 것이었다.

감각을 깨우기 위한 최초의 시도에서 효과적인 것은 바로 촉각이다. 시각이나 청각은 일상생활에서 다소 차이는 있더라도 자주 사용하는 감각인 반면, 촉각은 피부를 통해 직접적으로 느끼는 감각이기 때문에 가장 원초적인 자극이 된다고 할 수 있다. 따라서 촉각을 충분히 경험하게 되면 시각과 청각 등 다른 감각까지도 더욱 예민하게 느낄 수 있게 된다. 감각을 느낀다는 것은 단순히 외부에 대해 민감하게 반응하기 위한 것만은 아니다. 그보다는 오히려 감각을 느낌으로써 자기 내부에 대해 무엇인가를 인식하게 된다는 것이며, 이를 통해 우리 안의 감성이 매우 풍부해지는 것을 알 수 있다. 준식이의 경우 잠자고 있던 촉각을 경험함으로써 자신의 내부로 집중하는 힘이 향상되었음을 확인할 수 있었다. 이로 인해 준식이는 산만한 행동이 많이 줄어들었고, 또한 매 과정마다 모든 작업의 흐름을 깊이 있게 받아들이게 되었다.

연극은 '감성을 깨우는' 것이다

연극치료의 많은 부분은 '감성'을 건드린다.
감성은 자신을 알게 한다.

민우는 자기 집단에서 지적 수준이 가장 뛰어났으며 무엇보다도 기억력이 탁월했다. 그런데 민우의 문제점은 대사에 감정이 전혀 실리지 않는다는 것이었다. 이 점은 자폐 증상에 해당하는 것으로, 반향어 교육을 잘 받은 아이일수록 특히 정도가 심했다. 이것은 특수교육에 있어서 언어 훈련의 결과물이기도 하다. 반향어는 일단 누군가 질문한 것에 대한 반응이기 때문에 특수교육의 중요한 부분을 차지한다. 하지만 우리의 작업에서 반향어는 도리어 굉장한 장애물이었다. 왜냐하면 반향어는 훈련에 의한 즉각적인 반응일 뿐, 대상자의 자발적인 의지에서 나온 것이 아니기 때문이다.

이와 같은 자폐 증상의 또 다른 특징은 감정 표현이 서툴다 못해 거의 없다는 사실이다. 일반적으로 우리는 슬프면 즉시 슬프다는 표정을 지으며 울기도 하고, 기쁘면 이를 다양한 웃음으로 표현하기도 한다. 그런데 자폐아의 경우 자신을 억제하지 못할 만큼 흥분했을 때 외에는 즉각적인 감정 표출을 거의 하지 않는다. 그렇기 때문에 자신이 하는 말과 감정을 연결시키지 못할 뿐만 아니라 거의 대부분 단조로운 어조로 말하게 된다. 그리고 반향어이건 자발적인 언어이건 다른 친구들에 비해 말을 잘하는 아이들은 몸보다는 비교적 머리를 쓰는 편이기 때문에 또한 움직임을 그다지 좋아하지 않는 경향이 있다. 민우가 바로 여기에 해당되는 아이라는 점을 감안하여, 우리는 지나치게 동적인 움직임보다는 정적이면서도 감성적인 훈련을 먼저 진행하기로 하였다.

민우를 위한 우리의 목표는 '말할 때 자연스러운 감정 표출하기, 상상한 것을 마음껏 표현하기'였으며, 이를 위해 그 집단에서는 다양한 역할을 경험할 수 있는 극 활동에 많은 비중을 두었다. 그리고 '웃는 의자 기법'과 같은 활동을 비롯하여 감성을 자극하기 위한 프로그램 위주로 진행하였다. 암기력이 뛰어난 민우에게 있어서 대사를 외우는 것은 무척 쉬운 일이었지만, 그 대사를 실감나게 표현하도록 하는 것은 결코 만만한 일이 아니었다. 게다가 상상을 하고 그것을 표현하는 것에 익숙하지 않은 민우는 허구를 주축으로 하는 우리 작업을 혼란스러워 하기도 했다. 하지만 점차 적응하게 되면서 첫 공연을 마무리할 때쯤에는 제법 대사에 감정이 실리기도 하였다. 이와 동시에 크게 달라진 점은 민우의 얼굴 표정이 풍부해지고 여유로워졌다는 것이었다.

감각이 눈, 코, 입 등 구체적인 신체 일부를 통해 내부를 자극하는 것이라면, 감성과 감정은 보이지 않는 심리적인 것을 의미한다. 따라서 이 둘을 명확하게 구분하기는 쉽지 않다. 사전적 의미에서 감정은 '어떤 현상이나 일에 대하여 일어나는 마음이나 느끼는 기분'을 뜻하며, 감성은 '육체적 감각을 통한 자극이나 자극이 변화를 느끼는 성질'을 의미한다. 마음에 일어나는 느낌, 즉 슬픔, 기쁨, 좋음, 싫음 따위의 심리상태가 감정이라면, 감성은 감수성이라고도 하며 그 사람의 성격이나 특징을 드러내는 것이다. 따라서 감성은 그 사람에게 속한 일관성 있는 것인 데 비해, 감정은 상황과 대상에 따라 달라지는 순간적인 심리 현상이라고 할 수 있다.

이들의 관계에 대해 다음과 같이 말할 수 있을 것이다. 즉, 감각은 감성을 일깨우고, 감성으로 인해 감정이 표출된다고. 사실 연극치료 과정을 진행할 때 표면적으로는 감각과 감정을 주로 자극하지만, 내면적으로는 결국 참여자의 감성을 가장 많이 건드리게 된다. 그리고 감성이 풍부해질 때 감각도 예민하게 살아 있게 되고 적절한 감정 대응도 가능해지는 것이다. 이처럼 감각과 감성 그리고 감정의 관계는 불가분의 것이라고 할 수 있다.

그런데 이 셋 가운데서 감성은 외면화해서 적용하기 가장 힘든 영역이다. 감각은 흔히 오감, 즉 시각, 청각, 촉각, 후각, 미각의 다섯 가지로서 보고, 듣고, 만지고, 냄새 맡고, 먹는 것과 같은 구체적인 행동으로 나타난다. 또한 감정은 크게 희노애락애오욕의 일곱 가지 영역으로 구분하며, 이 또한 웃고, 울고, 화내는 등 구체적인 행동으로 표현된다. 이에 비해 감성은 말로 설명하거나 행동으로 제시할 수 없기 때문에 구체적으로 표현하기가 무척 난감하다. 따라서 감성 훈련을 위해서 감각과 감정을 사용하는 것은 어떻게 보면 지극히 당연하다고 할 수 있다. 민우의 예에서도 우리는 감정을 통해 감성을 자극하였던 것이다.

이 같은 감성은 얼굴 표정으로 드러나는데, 얼굴 표정의 변화는 사실 연극치료에서 많은 대상자들에게서 제일 먼저 나타나는 효과 중 하나다. 특히 발달장애아들은 무표정한 얼굴인 경우가 대부분인데, 치료 과정을 진행함에 따라 거의 모든 아이들의 얼굴 표정이 다양해지는 것을 확인할 수 있었다. 그렇기 때문에 연극치료의 첫째 목표는 어느 대상이건 간에 '얼굴 표정 다양해지기'로 출발한다. 표정이 다양해졌다는 것은 내면에서 무언가를 느끼는 힘이 풍부해졌다는 것을 뜻하며, 이는 곧 외부에 대해 민감하게 반응한다는 것을 의미한다. 외부에 대한 반응은 사회성과 직결되며, 바로 이 부분이 발달장애의 경우 특히 많이 결여되어 있는 것이기도 하다.

물론 외부에 대한 반응이 곧바로 사회성 발달을 의미하는 것은 아니다. 하지만 앞서 예시한 미나의 경우에서 보았듯이 반응은 곧 누군가와 의사소통을 할 수 있는 통로인 것이다. 이 단계에서 더 나아가 표정이 다양해졌다는 것은 자신도 모르는 사이 얼굴 표정으로 무언가를 전달한다는 것이며, 이 같은 현상이 더욱 발전하게 되면 누군가와 적극적인 대화를 주고받을 수 있게 되는 것이다. 이렇게 볼 때 다양한 표정이 생긴다는 것은 매우 중요한 변화의 표지인 것이다.

 **감성 깨우기에 적합한 방법 하나** [웃는 의자, 우는 의자]

의자 하나를 무대에 놓는다. 그리고는 아이들에게 그 의자에 대해 설명한다. 이것은 마법의 의자다. 앉으면 그 순간부터 웃음이 나오기 시작한다. 그랬다가 자리에서 일어나는 순간 웃음은 멈춘다. 또다시 앉으면 그 순간부터 울음이 나온다. 그랬다가 일어나면 울음은 동시에 그친다. 왜냐하면 마법의 의자니까. 설명을 마친 뒤 치료사가 먼저 시범을 보인다. 아주 절도 있게. 진짜 마법의 의자인 것처럼 앉는 순간과 일어서는 순간, 웃음 또는 울음의 처음과 끝을 분명하게 보여준다. 그런 뒤에 돌아가면서 한 명씩 그 의자에 앉게 한다. 그러면 모든 아이들이 기가 막히게 마법의자에 앉았다 일어선다. 즉, 가짜 웃음 또는 가짜 울음을 확실하게 보여 주는 것이다.

이 '웃는 의자, 우는 의자'는 사실 지극히 평범해 보이면서도 그 동작이 내포하는 의미가 풍부하다. 우선적으로 그 동작은 행동의 모방이다. 앉고, 웃고, 서고, 앉고, 울고, 서고 이렇게 진행되는 단순한 행동을 따라하는 것이다. 그런데 그 안에는 감정 흉내 내기도 들어 있다. 혹 진짜 눈물을 흘리거나 진심으로 웃을 수 있으면 더할 나위 없이 바람직하다. 실제로 어른들은 단 5초 만에 눈물을 흘리기도 한다. 하지만 대부분, 특히 발달장애아의 경우 그 짧은 순간에 진심으로 감정을 끄집어내지는 못한다.

여기에서 이 마법의자를 사용하는 목표를 분명히 알 필요가 있다. 그것은 웃고 우는 감정을 체험하도록 하기 위한 것이 아니라, 감정의 모방을 경험하게 하기 위해 사용하는 것이다. 웃고 싶지 않아도 그 의자에 앉으면 웃어야 하고, 울고 싶지 않아도 그 의자에 앉으면 울어야 하는 것을 경험하면서 감정에 대한 인식이 보다 선명해지게 된다. 다시 말해서 슬퍼지면 울고 기쁘면 웃는 것은 자연스러운 감정의 발현인데, 감정을 억지로 표현하면서 그것을 명확히 구별할 수 있게 되는 것이다. 이와 같이 하여 여러 감정들의 경계가 명확해지면, 감정에 대한 변별이 보다 뚜렷해지며 그것들이 무엇을 의미하는지 분명하게 인식할 수 있게 된다.

마법의자를 체험한 어떤 성인 남자는 자신이 감정 표출을 적절하게 하지 못하고 있었음을 절실히 깨달았다고 말하였는데, 이는 그 짧은 순간 감정에 대한 인식이 최고조에 달했음을 말해 주는 것이다. 감정의 모방은 이처럼 감정에 대한 다양한 인식을 불러일으키고, 그 결과 평소 의식하지 못했던 감성을 일깨우게 된다.

마법의자 기법은 또한 아동들에게 규칙 인지와 협동심을 습득하게 하는데, 이는 앞서 언급하였던 것과 같이 보고 보여 주는 행위 그리고 순서를 지켜 보여 주고 행동 따라하기의 결과물이기도 하다.

역할을 제대로 입기 위해서는
분장과 의상, 소도구 등을 사용하는 것도 좋다.

Chapter 03

치료를 위한
연극의 속성, 둘

예술에
대하여

"모든 예술은 '표현 형식' 또는 인간의 감정을 표현하는 외관적 형식의 창작이다. 예술 작품이란 감각 또는 상상을 통해 우리의 지각을 위해 창조된 표현 형식으로서, 그 표현하는 바는 곧 인간의 감정이다. '감정'이라는 단어는 여기에서 가장 광범위한 의미로 사용된다. 그것은 신체적 감각, 고통과 안락, 흥분과 평온으로부터 가장 복잡한 정서, 지적인 긴장 또는 의식적인 인간 생활의 지속적인 정조(feeling-tones)에 이르는, 느낄 수 있는 모든 것을 의미한다."

- 수잔 K. 랭거(Susan K. Langer)*

연극치료에서 가장 우선시되어야 할 것이 치료사와 참여자 간의 관계 형성이라는 사실은 거듭 강조해도 지나치지 않을 만큼 중요하다. 그 관계에서 형성되어야 하는 신뢰의 수준은 어찌 보면 부모-자식 간의 관계 그 이상이라고 까지 볼 수 있다. 이 말은 여러 가지 의미를 내포한다. 참여자가 치료사를 만날

---

* Theodore Shank, 『**연극미학**』(김문환 역, 서광사, 1986), 22-23쪽에서 재인용

때 자기 집처럼 느껴질 정도의 편안함이 제공되어야 한다는 것, 참여자와 치료사가 서로에 대해 믿고 의지하는 정도가 거의 전적이어야 한다는 것, 두 사람 사이에는 끈끈한 정이 있어야 한다는 것, 참여자는 치료사에게 부모에게도 하지 못할 말들을 할 수 있어야 한다는 것 그리고 치료사는 참여자의 눈빛만 봐도 어떤 감정 상태인지 또는 무슨 생각을 하는지 부모보다도 더 잘 알 수 있어야 한다는 것 등등이다.

하지만 이와 같은 관계는 이상적인 기대일 뿐, 현실적으로 이루어지기에는 많은 어려움이 있다. 다만 이를 통해 강조하고자 하는 것은 그만큼 치료사의 역할과 사명감이 중요하다는 점이다. 이처럼 연극치료 현장에서 요구되는 치료사의 태도는 다른 치료 영역의 것과는 다소 차이가 있는데, 이는 연극 자체의 고유함에서 비롯된다고 할 수 있다. 왜냐하면 연극은 다른 것들과 달리 움직임, 즉 행동이 중요한 매개체이며 따라서 신체 접촉이 필수적이기 때문이다. 신체 접촉이 거부되거나 낯설게 느껴지지 않고 자유롭게 행해질 수 있으려면 그만큼 긴밀한 관계가 이루어져야 할 것이다. 그렇기 때문에 연극치료에서는 다른 치료의 경우보다 훨씬 더 참여자와 친숙해지는 것이 선행되어야 하는 것이다. 이와 같은 친밀함의 시작은 모방을 통해 이루어진다. 그리고 그 모방 기법은 여러 측면에서 매우 다양하다.

연극은 '모방'이다

연극치료에서 모방은 핵심적인 기능이다.
그것은 타인을 받아들인다는 것이다.

7세 아동 영준이는 정확한 진단을 내리기는 애매하지만 여러 면에서 심한 자폐 증상과 유사한 모습을 보였다. 주변의 다른 사람들에게는 관심조차 주지 않고 혼자서만 놀고, 눈 가까이 손가락을 대고 꼼지락거리는 등 얼핏 보기에는 영락없이 자폐아였다. 구강 구조에 문제가 없었음에도 불구하고 일절 말을 하지 않고 의사 표현도 거의 없었지만, 어머니의 말을 알아듣고 반응하는 것을 보면 보통 아이와 별반 다르지 않았다.

영준이는 치료사들에게도 전혀 반응을 보이지 않았고, 연구소에 들어오면 혼자 귀퉁이로 가서 그곳에 쭈그리고 앉아 자신의 손가락만 들여다보며 꼼지락거렸다. 가끔 다른 친구들이 하는 것을 쳐다보기도 하고 연극하는 것을 지켜보기도 했지만 자신이 무언가 하는 것에 대해서는 강하게 거부하였다. 특히 큐빅 위에 올라가는 것을 싫어하였기 때문에, 영준이는 큐빅 인사를 도저히 할 수가 없었다. 큐빅 인사는 치료를 시작하기 위한 첫 단계로, 아이들에게 이제부터 연극치료에 들어간다는 것을 알려 주는 일종의 의례와도 같은 과정이다. 큐빅이 너무 높아서 무서워서 그런가 보다라고 생각하고는 아주 낮은 벽돌을 놓았지만 영준이는 그 위에도 올라가지 않았다.

혼자 노는 것에 익숙한 영준이를 끌어내기 위해 우리는 영준이가 하는 행동을 그대로 따라하기로 하였다. 구석에 웅크리고 앉아 혼자 손가락을 꼼지락거리는 영준이에게 다가가서 가만히 그의 행동을 똑같이 따라하였다. 치료사가 자기와 같이 행동하는 것을 본 영준이는 순간 치료사를 쳐다보며 씩 웃었다. 그것은 영준이가 치료사에게 보여 준 최초의 능동적인 반응이었고, 이후 자신의 행동을 치료사가 따라할 때마다 영준이는 무척 즐거워하였다. 이를 계기로 영준이는 치료사들과 소통을 시작하게 되었다. 영준이는 벽돌 위에도, 그러고 나서 큐빅 위에도 올라가게 되었고 점차 프로그램 전체에 합류하게 되었다.

모방은 우리의 행동 발달 단계에서 유아기, 아동기에 거쳐야 하는 지극히 자연스러운 현상이다. 그런데 발달장애의 경우 모방이 제대로 되지 않는 경우가 많다. 왜냐하면 모방은 설사 그것이 단순한 것이라 할지라도 그 안에는 타인에 대한 인식이 함께 들어 있기 때문이다. 앞서 언급한 '움직임'에서도 이미 살펴보았지만 행동의 모방은 그 표현의 의미를 함께 공감하고 받아들이기 때문에 가능한 것이다. 이를 역으로 생각해 보면 모방이 안 된다는 것은 결국 함께 의사소통하기 어렵다는 말로 이해할 수 있다.

자기만의 세계에 있는 사람들은 다른 사람들에 대해 전혀 관심이 없을 뿐만 아니라 누군가 자신에게 관심을 둔다 해도 그것을 의식하지 않는다. 실제로 자폐 증상이 심한 아이의 경우, 영준이에게 했던 것처럼 그 아이가 하는 행동을 눈앞에서 그대로 따라해도 대부분 조금의 동요도 보이지 않는다. 그 아이에게 타인이란 그다지 의미가 없는 마치 물체와도 같은 존재이기 때문이다. 이렇게 볼 때 모방의 정도 및 반응, 행동은 자폐인지 아닌지 가늠하는 기준이 된다고 할 수 있다. 따라서 영준이가 치료사의 모방에 반응하였다는 것은, 영준이가 자폐보다는 오히려 다른 장애일 수 있다는 가능성을 시사해 준다.

영준이에게 있어 치료사의 모방 행동은 '나는 너를 보고 충분히 이해하기 때문에 너의 행동을 그대로 따라할 수 있다.'는 강력한 의사 전달이었고, 이를 이해한 영준이와 서로 교류하는 중요한 통로가 되었다. 그다음 단계로 이번에는 영준이로 하여금 치료사의 행동을 모방할 수 있도록 하였고, 그 결과 영준이는 서서히 관심을 보이면서 다른 친구들과도 조금씩 반응하며 주고받을 수 있게 되었다.

모방은 연극치료 작업에서 매우 중요한 핵심 기능이다. 연극을 '보는' 것이 일차적으로 필요한 반응이었다면, 모방은 그다음으로 대상자로 하여금 스스로 움직이며 인식하도록 이끄는 중요한 과정이다. 누군가의 행동을 보고 따라한다는 것은 이미 그 대상을 충분히 이해하고 자신의 내면에 받아들였다는 것을 의미한다. 그리고 타인을 보면서 이해한다는 것은 또한 그와 유사한, 그러면서도 다른 모습의 자기 자신을 인식한다는 것이다. 모방 속에는 이처럼 타인과 자기를 발견하게 해 주는 힘이 내재해 있다. 그렇기 때문에 연극치료에서 모방은 충분히 습득하고 변형·활용해야 하는 중요한 작업이다.

연극은 '감정' 표현 예술이다

연극치료는 감정을 적절하게 표현하도록 해 준다.
자신의 감정을 바로 안다는 것은
상황에 대한 적절한 반응을 가능하게 한다.

58

뇌병변으로 인해 신체적·인지적 장애를 갖게 된 세훈이는 부모의 사랑을 듬뿍 받으면서 자유롭게 자란 탓에 작업 참여 자체에 익숙해지기까지 오랜 시간이 걸렸다. 처음에는 막무가내로 뛰쳐나가려고만 했던 세훈이가 점차 여러 연극치료 작업들을 즐기게 되면서 어느새 개별 및 집단 작업에 잘 참여하게 되었다. 부모님이 특히 걱정했던 것은 세훈이가 무작정 어디로든지 가고만 싶어 해서 행여 아이를 잃게 되지 않을까 하는 것이었는데, 그것 역시 많이 좋아져서 스스로 자제할 줄도 알게 되었다. 하지만 아직도 많은 부분 치료가 필요한 상태였고, 우리는 다음 단계로 연극치료를 통해서 자신의 감정을 적절히 표현할 수 있는 능력을 강화하기로 하였다. 왜냐하면 세훈이는 가족 외의 다른 사람들에게 자신의 요구를 확실히 전달하거나 상황에 맞는 감정을 표출하지 못하기 때문이었다.

이를 위해 우리는 먼저 '웃는 의자, 우는 의자'를 통해 기쁘거나 슬플 때 또는 화났을 때 어떤 감정 표현을 하는지 충분히 연기해 보았다. 여기에서 연기라고 말한 이유는 그것이 실제 상황에서 나오는 것이 아닌 억지 시늉이기 때문이다. 그런데 이와 같은 감정 표현의 단순한 모방은 기대 이상의 효과를 가져와서, 세훈이 역시 표정이 굉장히 자연스러워지게 되었다. 그다음으로 우리는 세훈이를 자극할 만한 이야깃거리를 극화하여 보여 주었다. 평소에 억울한 상황에 처해도 말 한 마디 제대로 하지 못한 채 당하는 내용이었는데, 사실 우리는 평소 세훈이가 그와 유사한 일을 겪었을 것이라고 예상하고 그렇게 꾸민 것이었다. 결과는 기대 이상이었다. 극 처음부터 전과 달리 지나치게 몸을 흔들며 웃음을 흘리는 등 이상한 반응을 보이던 세훈이는 급기야 울부짖으며 엄청난 분노를 표출하였다. 그 모습을 보고 우리는 세훈이가 그동안 알게 모르게 받은 스트레스가 얼마나 심한지 새삼 알게 되었다.

이런 세훈이를 위해 우리는 먼저 분노의 감정을 충분히 느끼면서 상황을 정확히 인식하도록 하였다. 그러면서 또한 여러 상황 속에서 어떤 감정들을 느끼는지 확실히 경험하도록 하였고, 세훈이로 하여금 타인의 행동에 적절하게 대응할 수 있도록 하였다. 여러 번 같은 상황을 반복하며 다양한 경험을 극화하여 연습한 결과, 세훈이는 점차 어떤 상황에서도 그것을 바로 인지하고 적절한 대응을 할 수 있게 되었다. 아이들이 적절한 반응을 하지 못하는 것은 스스로 그 상황이 어떤 것인지 알지 못할 뿐만 아니라 그 속에서 자신이 어떤 감정을 느끼는지조차 정확히 인지하지 못하기 때문이다. 따라서 다양한 감정들을 충분히 인식하게 되면 자신이 어떤 반응을 해야 하는지 분명히 알게 되고, 그렇게 되면 대인관계에서 겪는 많은 어려움들을 해결할 수 있는 힘을 얻게 된다.

웃어야 할 때 웃고 울어야 할 때 우는 것이 생각처럼 쉬운 일만은 아니다. 왜냐하면 우리는 자신의 감정에 치우쳐서 때로는 몰입하거나 아니면 지나치게 거리를 두게 되며, 따라서 과장되게 반응하든지 아니면 일체 반응하지 않는 무신경한 모습을 보이게 되기 때문이다. 그렇기 때문에 감정의 적절한 표현은 정신적 건강 상태를 측정함에 있어 절대적인 기준이 된다고 할 수 있다. 감정이 문제되는 대상은 어떻게 보면 발달장애아들보다는 오히려 정신적 질환으로 고통받는 청소년과 성인들이다. 감정적인 문제가 무엇보다도 대인관계에서 나타나는 것으로 본다면, 발달장애아들은 타인에게 그다지 관심이 없는 경우가 대부분이기 때문이다. 하지만 방금 예를 든 세훈이의 경우에서도 알 수 있듯이 타인과의 관계에서 완전히 무심한 사람은 단 한 사람도 없다. 따라서 감정의 적절한

{ 어떤 주제에 대해
느껴지는 대로 몸으로 표현하며 이어가는 조각릴레이는
감정투사를 통한 집단 공감 형성에 탁월하다.

표현을 위한 치료는 누구에게나 필수적이다.

감정 표현 문제를 해결하기 위해서는 무엇보다도 예술치료가 효과적인데, 그 이유는 앞에서 인용한 수잔 랭거의 말처럼 '예술이 감정의 표현'이라는 사실에서 비롯된다. 모든 예술에는 각기 적합한 표현 수단이 존재한다. 음악이 멜로디와 박자를 매개로 하여 다양한 악기의 음색으로 표현되는 것이라면, 미술의 표현 도구는 색채와 형상이라고 할 수 있다. 그런데 연극은 이러한 예술의 표현 매체들에 비해 보다 직접적인 수단을 사용한다. 즉, 감정 표현이 인물과 사건을 통해 직접적으로 드러나기 때문에 자신의 신체가 직접 도구가 된다. 따라서 연극예술은 감정 표현에 있어 다른 예술에 비해 매우 쉽게 적용할 수 있다는 특징을 가지고 있다.

그런가 하면 연극은 또한 치료로서 기능할 때 매우 안정적인 틀을 제공한다. 예를 들어 '흥부와 놀부'를 극화할 때 우리는 누구나 다 알고 있는 흥부나 놀부라는 인물에 쉽게 동화된다. 그래서 때로는 흥부가 되어 희생과 슬픔이라는 감정을 경험하기도 하고, 또 때로는 놀부가 되어 욕심과 후회라는 감정을 경험하기도 하는 것이다. 슬픔과 욕심, 후회 등은 일상 속에서 누구나 경험하는 감정이다. 하지만 극 속에서 흥부 또는 놀부라는 가공의 인물을 통해 재현하게 되면 자신을 직접적으로 드러내지 않으면서도 충분히 공감할 수 있게 된다. 다시 말해 자신의 경험을 있는 그대로 재현하지 않아도 은유적인 상황 속에서 안정적으로 되돌아볼 수 있는 틀이 제공되는 것이다.

우리는 살면서 수많은 감정을 느끼면서 문제에 직면하기도 하지만 그것을 확실히 인식하지는 못한다. 인식에 있어 거리감은 거의 필수적이다. 따라서 감정을 이처럼 여러 예술 분야를 수단으로 하여 투사해 볼 때 우리는 자신이 현재 처해 있는 상황에 대하여 보다 명확하게 인식하게 되며, 그 결과 건강한 삶을 살 수 있게 되는 자신감을 얻을 수 있다. 연극치료에서 감정의 투사는 다양한 극을 통해 경험된다. 극을 보거나 또는 극 속 인물로 재현하면서 우리는 여러 상황에 적절하게 대응하는 힘을 기를 수 있게 되는 것이다. 치유의 결과물, 즉 자신의 변화는 결국 신체적 행동을 통해서 확인된다. 감정 표현을 시작으로 인식과 변화의 전 과정을 몸으로 경험하게 되면 다른 매체를 통하는 것에 비해 훨씬 쉽게 습득될 수 있다. 이렇게 볼 때 몸을 매개로 활용한다는 사실은 연극치료의 최고의 장점이기도 하다.

연극에는 '역할'이 있다

연극치료에서 역할은 경험하고 습득해야 하는
다양함이다. 그것들이 한 존재 안에서 통합될 때
비로소 온전해질 수 있는 힘이 생긴다.

영민이에게 제대로 된 역할 입기는 언제쯤 가능할까 싶었다. 어두운 것도 싫어하고 음악 듣는 것도 거부할 뿐더러 연극 보는 것조차 잘 되지 않던 영민이었기 때문에 이 정도로 발전한 것만 해도 놀라운 변화였다. 처음에는 연극치료가 영민이에게 지나치게 높은 수준이 아닌지 걱정하던 어머니도 영민이가 연극을 즐기게 된 것에 매우 만족해 하였다.

이제 영민이는 극 보기도 매우 좋아하게 되었고 모방 또한 아주 능숙하게 했다. 초반부에는 자신이 알고 있는 이야기에만 집착하는 경향이 있어서 그것을 매개로 극화 활동을 하였지만 지금은 어떤 다양한 이야기도 소화할 수 있게 되었다. 하지만 우리는 영민이가 갖고 있는 그 이상의 잠재력을 충분히 보았기 때문에 자연히 그다음 단계를 구상하기 시작했고, 그것은 바로 제대로 된 역할 입기였다.

물론 영민이는 치료사가 한 역할을 따라할 수 있었지만 그것은 어디까지나 흉내 내는 수준에 불과한 것으로, 그 역할을 제대로 소화한 것은 아니었다. 이런 영민이로 하여금 역할을 정확히 인지하고 그 인물을 살아 있는 존재로 표현하도록 하기 위해서, 우리는 먼저 영민이만한 크기의 신문지 인형을 만들기 시작하였다. 그러고 나서 그 인형을 극중 주요 인물로 활용하여 극화 활동을 하였더니 영민이의 반응은 지금까지와는 다르게 변화되었다. 즉, 스스로 자연스러운 어조로 말하면서 그 인물의 역할을 소화하였던 것이다. 그것을 몇 번 반복한 뒤 이번에는 인형 없이 극 활동을 하였더니 영민이는 그 역할을 비교적 자연스럽게 수행하는 것이었다.

전에는 인형을 만든다고 해도 전혀 관심이 없던 영민이가 어느덧 인형을 활용한 투사 활동에 익숙해지게 되었고, 그것이 자연스럽게 습득되자 이어서 역할에 대한 인지까지도 충분히 가능해진 것이다. 이처럼 영민이가 제대로 된 역할 입기도 할 수 있게 되면서 영민이의 언어는 더욱 자연스러워졌다. 자발적인 언어는 말할 것도 없고 상대방과의 의사소통을 위한 언어 및 상황에 적절한 언어 표현 또한 풍부해졌다. 미처 영민이가 알지 못할 거라고 생각했던 표현들이 뜻밖의 상황에서 적절하게 나타나는 것을 보면서, 영민이에게 생각보다 많은 것들이 잠재되어 있었다는 사실을 새삼 재발견하게 되었다.

오랜 시간을 함께한 영민이의 치료 과정을 보면 극적 발달 단계를 그대로 답습하는 가운데 발전하는 것을 알 수 있다. 극적 발달 단계에 대한 구체적인 설명은 다음으로 미루고 여기에서는 역할과 발달장애의 관계에 대해서 살펴보고자 한다. 사실 발달장애아의 어머니들은 아이들이 역할에 대한 인지를 제대로 하지 못하기 때문에 연극치료가 정말 도움이 되는지 의문을 품는다. 하지만 그것은 한낱 기우에 지나지 않는다.

역할은 물론 연극에서 매우 중요하지만 그것은 어디까지나 일부분에 불과하다. 그보다는 오히려 감각훈련, 움직임 등 기본이 되어야 하는 것들이 더욱 풍부하고, 실제로 연극치료 과정의 대부분을 차지한다. 역할에 진지하게 들어가기 위해서는 앞부분의 준비 작업이 충분히 이루어져야 하는데, 왜냐하면 역할 입기는 누구에게나 어려운 것이기 때문이다.

역할은 극적 발달에서 마지막 단계이며, 역할 입기는 그 누구에게도, 심지어 최고의 배우에게도 쉽지 않은 작업이다. 하지만 이것 역시 대상에 따라 각기 다른 방법으로 제공될 때 효과를 가져올 수 있다. 연극치료의 중요 이론 가운데 하나인 로버트 랜디(Robert Landy)의 역할 이론은 자아정체성 문제에 어려움을 겪고 있는 성인들로 하여금 자신을 돌아보게 하기 위한 방법으로 탁월하며, 그 외의 대상에게는 적용하기에 어려움이 많다. 따라서 발달장애아들에게 적용할 때에는 역할에 대해 다른 식으로 접근하여 이용하는 것이 바람직하다.

아직 친구들과 제대로 상호작용도 하지 못하고 집단 활동도 원활하게 이루어지지 않는 영민이의 경우, 역할 입기는 자기 내면에 있는 여러 모습의 자신을 알도록 하는 것을 주된 목적으로 하지 않는다. 그보다는 오히려 다양한 사람들과의 만남을 경험하도록 하기 위한 의도가 더 중요하다. 그와 같은 경험을 통해 타인과의 소통을 원활하게 할 수 있도록 하며 또한 적절한 감정 표현을 체험하도록 하는 것만으로도 역할 입기는 충분한 성과를 거두었다고 할 수 있다. 영민이와 같은 장애를 지닌 아이들이 역할을 제대로 소화하지 못할 것이라고 생각하는 것은 어떻게 보면 그들에 대한 선입견 때문이라고 할 수 있다. 중요한 것은 어떤 프로그램이든지 대상자의 현재 상황에 맞추어서 변형·조절하여 제공할 수 있어야 한다는 사실이다. 영민이에게 그 통로는 거대한 신문지 인형이었고, 우리는 이를 통해서 투사 과정이 확실하게 체험되면 이어서 역할 단계로 넘어갈 수 있음을 확인할 수 있었다.

연극은 '이야기'다

연극치료에서 이야기는 사건이 있고, 또한 갈등을 내포한다.
갈등에 직면하는 것은 문제해결 능력 향상에 도움이 된다.

우빈이의 가장 큰 문제 중 하나는 이야기를 거부한다는 것이었다. 많은 자폐아들이 그런 성향이 있는데, 우빈이 역시 단편적이고 사전적인 지식만 습득하려하였고, 어떤 이유에서인지는 몰라도 특히 옛날이야기만 하려고 하면 상대방의 입을 손으로 막으면서까지 듣기 싫어하였다. 우빈이와 같은 아이들의 또 다른 특징은 장난감이나 인형에도 별 관심이 없고, 설사 있다 해도 지극히 한정되어서 평소 자신이 좋아하는 것, 예를 들어 탈 것이라든지 아니면 특정 색깔에만 집착하는 경향이 있었다.

이야기 듣기를 거부한다는 것은 어떻게 보면 우리의 본능 가운데 일부분이 제 기능을 하지 못하는 것일 수도 있다. 왜냐하면 이야기는 우리가 살아가는 그 자체이기도 하며, 누구나 본능처럼 그것을 즐기기 때문이다. 이야기는 또한 연극의 전부이기도 하다. 따라서 우빈이와 연극치료 작업을 제대로 진행하기 위해서는 우빈이로 하여금 우선 이야기를 이해하고 받아들이도록 해야만 했다. 그래야만 보다 다양하게 발전시킬 수 있기 때문이다.

이를 위해서 여러 방법으로 접근을 시도하였다. 예를 들어 실제로 극화하여 보여 주는 것은 말할 것도 없고, 바닥에 색 테이프로 여러 줄을 만든 뒤 각기 다른 이야기를 갖고 그 줄을 따라간다든지, 신체 감각을 활성화시키기 위해 이야기와 신체의 연결고리를 찾아가며 충분히 이완시킨다든지, 인형극으로 또는 이야기 공간을 꾸며 놓고 그 안에서 여러 가지 인형과 물체를 움직이며 이야기를 눈으로 볼 수 있게 하는 등 다양한 방법으로 이야기를 이해할 수 있도록 하였다. 그 결과 우빈이는 점차 이야기를 받아들이게 되었는데, 처음에는 이야기 전체보다는 그 안에 있는 짧은 내용들을 단편적으로 소화하더니, 이윽고 모든 이야기를 처음부터 끝까지 다 이해하고 즐길 뿐 아니라 스스로 역을 맡아 극 활동에 잘 참여할 수 있게 되었다.

우빈이의 경우 이야기 습득에 가장 도움이 된 것은 극을 직접 보는 것과 공간을 꾸며놓고 인형 등을 사용하여 함께 이야기 내용 그대로 움직여 보는 것이었다. 이야기를 듣는 것은 머릿속으로 이야기의 세계를 상상하며 따라가는 것이다. 이에 비해 연극은 이야기를 실제로 눈으로 보고 귀로 들을 수 있게 해 준다. 우빈이에게 효과적이었던 두 가지 방법은 이처럼 보고 들을 수 있게끔 구체적으로 형상화한 것들이었다. 즉, 우리의 오감을 자극하는 연극의 속성을 잘 활용한 결과였던 것이다.

어떤 이야기든지 잘 받아들일 수 있게 된 우빈이는 이후 사소하지만 앞으로 직면할 수도 있는 여러 문제들을 극화하여 사건과 갈등을 직접 체험해 보면서 이를 해결할 수 있는 방법까지도 함께 생각해 볼 수 있을 정도로 발전하였다.

토끼가 깡충깡충 뛰어간다. 거북이는 엉금엉금 기어간다. 그다음에는? 만약 이것이 전부라면 그것은 단순한 지식 수준에서 멈춘다. 즉, 토끼와 거북이라는 두 존재가 어떻게 다른지 알게 되는 것이 목적이 된다. 이를 더 진전시켜 보자. 깡충깡충 뛰는 토끼가 엉금엉  금 기어가는 거북이를 만나서 내기를 하자고 한다. 거북이도 좋다고 해서 둘은 내기를 시작한다. 이렇게 되면 이것은 이야기가 된다. 즉, 두 존재가 있고, 그들 간에 만남이 있고 그래서 관계가 형성되는 것이다. 그 뒤를 이어서 사건이 일어나고 갈등이 생기고 이를 해결하거나 아니면 파국으로 치달아서 행복해지든지 아니면 불행해지든지 하게 된다. 단편적인 지식과 이야기의 차이는 이와 같다. 어떤 대상에 대해 구체적인 사실을 알게 되는 것이 지식이라면, 이야기 속에는 갈등이나 해결로 이어지는 사건의 흐름이 있고 그 안에서 인물들은 다양한 감정을 겪으면서 성숙한다.

이야기 속에는 사람들이 있다. 그리고 땅, 바다, 숲, 하늘 등 우리가 숨 쉬고 살고 있는 자연이 있다. 그곳에서 사람들은 서로 간에 또는 자연과 관계를 맺고 이런저런 사건을 만들며 살아간다. 그 속에는 다양한 사회구조, 인간관계, 감정의 흐름 등이 존재하며, 따라서 이야기는 우리가 살아가는 모습 그 자체인 것이다. 그런 만큼 이야기를 이해한다는 것은 우리 모두에게 지극히 당연한 본능적인 행위 같은 것이다. 이는 다시 말해서 세상 속에 존재하는 모든 것들에 관해 우리는 거의 본능적으로 이해하고 그것들을 서로 연관지어 생각해 볼 수 있다는 것을 뜻한다.

우빈이의 경우처럼 이야기를 거부하거나 이해하지 못한다는 것은 사람과 사람 사이 또는 사람과 사물 사이의 관계를 모른다는 말로도 풀이할 수 있다. 관계를 이해하지 못한다는 것은 세상이 돌아가는 이치에 무관심하다는 의미다. 이처럼 서로 간에 존재하는 관련성을 알고 연결시키는 것에 익숙하지 못한 우빈이가 단편적이면서 사전적인 지식만을 습득하기를 원하고 그 단계에 머물러 있는 것은 어떻게 보면 당연하다고도 할 수 있다. 이러한 우빈이가 이야기를 받아들이게 되었다는 것은 그 속에 들어 있는 인물, 상황, 사건, 해결, 감정 등 많은 것들까지도 더불어 이해하게 되었음을 의미한다.

연극치료의 풍성한 힘은 바로 이야기에서 나온다. 그리고 각각의 대상자에게 맞는 이야기 구조를 찾고 그것을 극화하여 체험하는 과정에서 이야기는 행동으로 구체화된다. 따라서 이야기에 대한 올바른 이해는 사람 간의 관계뿐만 아니라 행동의 동기까지도 파악하게 하는 등 우리가 사는 이 세상에 대해 깊이 있게 이해할 수 있는 힘을 길러 준다. 이렇게 볼 때 연극치료는 이야기에서 출발하여 이야기로 끝난다고 해도 과언이 아니다.

연극은 '허구' 그 자체다

연극치료 과정은 사실이 아닌 허구로 이루어진다.
허구를 즐긴다는 것은 상상력을 사용한다는 것이며,
상상력이야말로 치료의 중요한 원동력이 된다.

아스퍼거 장애를 지닌 상우는 보통 아이들과 별로 다를 바 없이 행동하곤
하였다. 과잉행동처럼 보이는 산만함 그리고 다른 친구들이 뭐라 해도 개의치
않고 자기가 하고 싶은 것이 있으면 해야만 직성이 풀리는 점 등이 특이할 뿐,
인지나 행동 면에서 또래 아이들과 큰 차이가 없었고 어떤 면은 도리어 월등하
게 뛰어났다. 상우는 전에 다니던 학교에서 조금씩 특이한 면을 보이기 시작하
고 무엇보다 아이들과 어울리지 못하게 되자 특수학교로 전학하였는데, 사실 일
반학교를 다닌다 해도 큰 무리는 없을 것 같았다.

그런데 그 아이가 우리 작업에서는 또 다른 색다른 모습을 보여 주었다. 즉,
결정적으로 허구를 받아들이지 못한다는 것이었다. 예를 들어 "자, 우리 모두
기차 타고 여행 가자."라고 제시하면, 상우는 대뜸 "기차가 어디 있어요? 보이
지도 않는데."라고 대꾸하였다. "풀밭에 앉아서 김밥 먹자.""피이 거짓말, 김밥
도 없고 풀밭은 무슨." 계속 이런 식이었기 때문에 연극 작업을 진행하는 데 방
해가 되었다. 게다가 나서기를 좋아해서 무슨 생각이 떠오르면 그것이 일단 해
결되어야만 비로소 잠잠해졌다.

매사가 이런 식이었기 때문에 우리는 그룹의 아이들 가운데 상우에게 먼저
집중하기로 했다. 우선, 활동 순서나 규칙 지키기에 있어서 상우를 제일 먼저
시킨다거나 아니면 순서를 확실하게 지킬 수 있도록 배려해 주었다. 그러는 한

편, 아주 잘 알려진 이야기를 먼저 인형극으로 보여 주었다. 자신이 아는 이야기를 이처럼 인형을 사용하여 보여 주자, 상우는 자신도 모르는 사이에 집중하면서 극 세계로 들어왔다. 이 과정을 몇 번에 걸쳐 반복하면서 동시에 감각 느끼기 프로그램을 많이 제공하였다.

자신의 신체를 느끼고, 평소에는 미처 의식하지 못했던 시각과 청각을 자극하면서 극 보고 따라하기 등을 충분히 경험하게 되자, 상우는 눈에 띄게 달라지기 시작했다. 무엇보다도 그 많던 말이 확 줄어들면서 집중하는 시간이 점차 많아졌다. 또한 극에 몰입하게 되면서 허구를 마치 실제인 것처럼 받아들일 수 있게 되었다. 이처럼 허구에 대한 태도가 달라지자, 상우는 급속도로 발전하게 되었고, 무슨 역이든 어떤 이야기든 다 소화할 수 있게 되었다.

작업 초기에는 그룹에서 가장 방해가 되었던 상우가 어느새 그룹의 리더로 제 몫을 톡톡히 하고 있었다. 이후 상우는 연극 작업을 진심으로 즐기면서 우리가 어떤 의도로 작업을 진행하는지 가장 잘 이해하고 따라왔으며, 나중에 공연 발표를 할 때에는 주인공을 맡아 실감나는 감정 표현과 정확한 역할 연기로 열렬한 박수를 받았다. 상우의 어머니는 상우가 정말 적절한 시기에 연극을 하게 되었다며 매우 기뻐하였고, 우리는 아스퍼거 장애에 연극이 얼마나 효과적인지 확실히 알게 되었다.

간혹 연극과 같은 극적 환상이 정신 치료에 방해요소가 되지 않는지 진지하게 묻는 사람들이 있다. 그러면 나는 자신 있게 전혀 아니며, 오히려 그 반대라고 말한다. 사실 극적 환상의 경험은 환자로 하여금 도리어 현실에 대한 인식을 더욱 확실하게 해 준다. 치료 작업을 진행하는 가운데 많은 사람들이, 아이건 어른이건 극적 허구를 체험함으로 인해 현실감각이 더욱 또렷해지는 것을 확인할 수 있었는데, 이는 모든 예술에 해당하는 감상의 측면에서 볼 때 '미적 거리 두기'라는 말과 결부된다. '미적 거리'는 사전적 의미로 '어떤 대상을 보고 순수한 미적 경험을 느낄 수 있는 심리적 거리'를 뜻하며, '대상을 유용성이나 개인의 이해관계에 결부시키지 않고 무관심의 상태에서 볼 때 얻을 수 있다.'고 알려져 있다.

미적 거리란 아름다움도 포함한 정서적 거리감으로서, 우리가 어떤 예술품을 보고 감동하며 그것이 정말 훌륭하다고 인식하게 되는 것은 그 작품을 일정 거리를 두고 바라볼 수 있을 때다. 이는 과도한 감정 표현의 것이 아니라 오히려 명징한 의식 상태, 즉 좌로도 우로도 치우치지 않는 순수 무관심의 상태에서 얻어지는 것을 의미한다. 이렇게 볼 때 우리의 변화의 시작은 분명한 인식의 순간으로부터 비롯된다고 할 수 있다.

상우의 경우를 한번 살펴보자. 처음 상우에게는 오직 현실만이 세상의 전부였다. 그 아이에게 상상 또는 허구란 터무니없는 것이었기 때문에 그것을 인정할 수가 없었던 것이다. 이는 마치 우리가 한 가지 사실에 몰두할 때 다른 것은 물론, 심지어 그 자체가 존재한다는 사실조차 제대로 인식할 수 없게 되는 것과 마찬가지라고 할 수 있다. 따라서 상우는 자기를 둘러싼 주변, 예를 들어 친구들의 반응에 대해서도 민감하게 느낄 수 없었고 세상의 중심에 자신만이 존재하는 것처럼 행동하였던 것이다. 하지만 점차 극 활동을 통해 보이지 않는 것을 존재하는 것으로 받아들일 수 있게 되자, 비로소 주변의 현실을 둘러볼 수 있게 되었다. 다시 말해서 현실과 허구의 경계를 분명히 인식하게 된 것이다. 상상의 체험이 역으로 현실에 대한 인식을 가져온다는 것은 바로 이와 같은 과정을 거치면서 형성되는 결과다.

연극이 치료로서 기능하는 가장 중요한 것은 바로 이와 같은 허구 체험, 즉 상상력의 산물이라고 할 수 있다. 그런데 상상력의 중요함은 이처럼 현실에 대한 분명한 인식으로서 기능하기 때문만은 아니다. 상상할 수 있는 힘은 모르는 사이에 우리의 정신 또는 육체 안에서 역동적인 움직임을 유발시킨다. 이는 다시 말해서 상상할 수 있는 힘이 우리의 자발성과 창의성을 계발함에 있어 가장 큰 자극이 된다는 의미라고도 할 수 있다. 그리고 이와 같은 자발성과 창의성이야말로 모든 치료와 회복의 근본적인 원동력이 된다.

치료의 주체는 치료사가 아니라 바로 대상자, 즉 참여자 자신이다. 아픈 사람이 스스로를 고치고자 하는 의욕이 없다면 어떤 치료도 효과가 없다. 따라서 치료에서 가장 먼저 필요한 것은 자발성을 갖게 하는 일이다. 그것만 갖추어지면 절반이 회복되었다고까지 말할 수 있을 만큼 자발적인 욕구는 중요하다. 여기에 보이지 않게 작용하는 힘, 그것이 바로 상상력인 것이다. 상상은 과거의 것이 아니라 미래를 지향하는 힘이다. 보이지 않는 미래를 꿈꿀 수 있을 때, 즉 상상할 때 우리가 미처 의식하지 못하는 사이에 몸과 마음은 움직이게 되며, 바로 이것이 자발성의 시작인 것이다.

두 사람이 마주 선다. 한 사람은 움직이기 시작하고 마주 선 다른 한 사람은 그 동작을 그대로 따라한다. 즉, 거울이 되는 것이다. 한 사람이 손을 들면 똑같이 따라 들고 우는 시늉을 하면 또 따라서 울고, 뒤로 물러서면 함께 뒤로 물러선다. 충분히 따라했으면 이번에는 서로 역을 바꾸어서 한다.

발달장애아들은 이처럼 단순 동작을 따라하게 되기까지 많은 시간이 걸린다. 전혀 모방을 할 줄 모르는 아이인 경우에는 우선 치료사가 마주 서서 손을 잡고 움직인다. 그렇게 해서 점차 동작을 따라할 줄 알게 되면 서서히 손을 떼고 거울놀이를 한다. 이처럼 반복함에 따라 아이들은 어느새 거울놀이에 익숙해진다.

모방은 앞에서 이미 말했듯이 단순히 누군가를 따라하는 것 그 이상이다. 그것은 타인을 볼 수 있도록 하는 탁월한 힘이 있다. 눈맞춤조차 하지 않으려던 아이들이 자연스럽게 다른 사람들을 보게 되며, 말 한 마디 하지 않던 아이들도 다른 사람에게 말을 걸 수 있게까지 되는 것이다. 거울놀이를 단순 행동 모방에서 한 단계 더 높여서 자신이 좋아하는 공간이나 인물 또는 이야기를 행동으로 옮기고 이를 따라하게 하면 그 움직임에는 느낌까지 전달된다. 이처럼 어떤 것에 대한 느낌이나 감정을 거울놀이를 통해서 서로 나누면 그 효과는 더욱 커진다. 즉, 감정 나누기를 통한 공감도 형성되어 신뢰 관계가 이루어질 뿐만 아니라 자신의 표현이 누군가에게 전달되었다는 성취감으로 인해 자신감 또한 향상된다. 때로 적절한 음악을 사용하면 더욱 효과적이다.

거울놀이에 이어 자석놀이까지 함께 하면 작업은 더욱 풍성해진다. 자석놀이는 단순 모방이 아니라 한 사람이 자석이 되고 다른 사람은 쇠붙이가 되어 자석이 이끄는 대로 따라가는 놀이다. 자석으로는 손을 사용하고 그 손을 따라가는 쇠붙이는 상대방의 얼굴을 활용하는 방법이 집중을 높여 주기 때문에 매우 효과적이다. 또한 양손을 이용한다든지 또는 한 사람을 중심으로 계속 자석으로 연결되도록 하게 하면 집단으로 움직이게 되며, 결과적으로 집단 일체감 형성에 탁월한 효과를 보여 준다.

part 2.
연극치료의
토대

{ **온몸으로 부딪치며**
접촉하다 보면 모든 감각이 살아나고
자연스럽게 어우러질 수 있게 되어
친밀해진다.

Chapter 04

극적
발달 단계

연극의
힘

　그 아이들이 함께 무대에 선다는 사실 하나만으로도 어머니들은 감격했다. 지금까지 단 한 번도 남들 앞에 서 본 적이 없는 아이들인 데다, 연극이 그들에게는 너무 어렵다고 생각했기 때문이다. 사실 연극이라고 하기엔 빈약한 내용이었지만, 아이들 모두 제 역할이 있었고 함께 극을 끌고 가야만 했다. 그런데 무대에 서기 직전, 세환이가 피곤했는지 잠이 들었다. 평소에도 한 번 잠이 들면 깨울 수 없을 만큼 투정이 심해서 어머니는 세환이를 그냥 두자고 했지만 우리는 세환이를 깨워서 함께 무대에 서게 했다. 잠이 덜 깬 채로 무대에 선 세환이는 처음에는 그 자리에 주저앉아 울더니 곧 일어나서 친구들과 함께 움직이기 시작했다! 바라보던 우리는 모두 기뻐했고, 어머니의 감동은 이루 말로 다 할 수 없었다. 서로를 보며 함께 하는 연극 작업은 모르는 사이에 스스로 역할을 분명히 할 수 있도록 해 준다. 그것이 바로 연극의 힘이다.

　연극치료가 현장에서 실제로 연극을 통해 치유하는 작업이라면, 이에 관한 이론적 근거를 다양한 시점에서 연구·검토하는 것이 바로 연극치료학이다. 그리고 이처럼 학문적으로 접근하고자 할 때에는 연극이 치료로서 기능하는 근거를 검토하는 것으로부터 출발해야 할 것이다. 연극치료에서 그 근거는 앞에서 자주 강조하였듯이 연극 그 자체에 있는 것이며, 그것은 다름 아닌 인간으로서의 성장 과정이다. 왜냐하면 연극은 무엇보다도 우리 인생의 재현이기 때문이다.

우리는 누구나 예외 없이 어머니의 몸을 빌려서 태어난다. 따뜻한 어머니의 몸속에서 안전하게 보호받으며 지내다가 세상 밖으로 나올 때, 우리는 그때까지 생명의 원천이었던 탯줄이 끊기면서 최초의 분리를 경험하게 된다. 그리고 이 세상에 태어났다는 첫 신호로 울음을 터뜨리고, 그 소리를 들은 사람들은 아이가 무사히 나왔다고 안심한다. 바로 이 행위, 즉 울음이 우리가 이 세상에서 최초로 하게 되는 행동인 것이다. 그런데 막 태어난 아기는 과연 자신의 울음소리를 들으면서 그것이 자신의 소리인 줄 알까? 아니, 아기는 자신이 소리를 내고 있다는 사실을 알까? 생후 1주일경까지는 청각 반응이 거의 없다는 것을 토대로 볼 때, 아기는 스스로 소리를 내면서도 그 사실을 전혀 알지 못할 것이다.

갓난아기의 다음 행동은 어머니의 젖을 빠는 것이고, 이처럼 울고 빨면서 살기 위한 가장 기본적인 욕구를 채우는 가운데 아기의 눈도 점차 밝아져서 주변 사람들과 사물을 구별할 수 있게 된다. 그러고 나서 혼자 서서 걷기까지 적어도 1년의 시간이 흘러야 하고, 이윽고 자연스럽게 말할 수 있게 되면 부모들은 조금이나마 아이를 어느 정도 키웠다는 생각을 하게 된다. 이와 같은 단계들이 누구나 거쳐 온 성장 과정이며, 바로 이러한 발달 단계가 연극치료의 중요한 이론적 근거가 되는 것이다.

피아제의 인지 발달, 에릭슨의 정서 발달, 프로이트의 성적 발달 등 어떤 유형의 것이든지 발달 단계는 인간에 관한 대부분의 학문에서 중요한 근간을 이룬다. 연극치료학 역시 제의적 모델, 역할 모델, 발달 변형 모델, 실존 모델 등 다양한 유형들이 형성된 그 바탕에는 이러한 발달 이론들이 존재한다. 그런데 연극치료학의 경우 이와 더불어 특히 행동 발달과 극적 발달 단계가 결정적인 역할을 하게 되는데, 이 둘은 서로 불가분의 관계에 있다고 할 수 있다.

영국의 연극치료사 수 제닝스(Sue Jennings)는 인간의 발달에 있어 극적 놀이 역시 단계적으로 진전되는 것으로 보고 체현-투사-역할을 뜻하는 EPR (embodiment-projection-role)을 제시하였으며, 이는 다음과 같은 의미가 있다고 말한다.

> EPR은 아동 발달 과정의 초석으로서, 심리적이거나 신체적이거나 정서적인 발달이 아니라 그 모든 것의 모태가 되는 극적인 발달이다. 극적 발달은 신체적으로, 투사적으로 그리고 역할로 자기와 타자의 존재를 확립하고 분별할 수 있게 해 주며, 그리하여 우리의 신체와 정신과 우리가 맺는 관계 모두에 영향을 미친다. '자기와 타자의 정체성' 없이는 다른 사람과 관계를 형성할 수 없기 때문이다. 즉, EPR은 정체성을 뜻하며, 정체성은 심리적 차원을 넘어선 사회적 구조체를 의미한다.
> - Sue Jennings, 『수 제닝스의 연극치료 이야기』(이효원 역, 울력, 2003), 80쪽.

이와 같은 극적 발달 이론은 다른 발달 이론들과 마찬가지로 극적 행동이 하나의 단계에서 충분히 습득되고 난 뒤 그다음 단계로 적절하게 진전되지 못했을 때 고착된 상태로 남아 우리에게 문제를 일으키게 된다고 설명한다. 따라서 연극치료를 행함에 있어 참여자가 극적 발달 단계 가운데 특히 어느 단계에서 문제를 겪는지 세심하게 진단해야 하며, 이를 토대로 그 단계를 충분히 경험할 수 있도록 프로그램을 구조화할 필요가 있다.

앞에서 강조하였듯이 실제로 연극치료를 하는 데 있어 제일 우선시되어야 하는 것은 바로 참여자에 대한 파악과 진단이다. 그리고 이를 위한 일차적 근거는 의사소통이 제대로 이루어질 수 있는지의 여부이며, 따라서 지금까지의 경험으로 볼 때 발달장애와 비발달장애의 두 범주로 크게 나누는 것도 어느 정도까지는 타당하다고 생각된다. 이와 같은 구분이 필요한 것은 연극치료의 실제 작업을 살펴볼 때 더욱 분명해진다.

발달장애와 비발달장애를 구분하는 근거로 우리는 역할 수행을 들 수 있다. 왜냐하면 발달장애아의 경우 대부분 가상 역할은 말할 것도 없고 실제 생활에서 자신이 해야 하는 역할에 대해서도 제대로 이해하지 못하기 때문이다. 많은 발달장애아의 부모님들이 연극치료에 대해 반신반의하는 것도 바로 이러한 이유에서다. 하지만 연극에서 역할은 물론 중요하지만, 그 이전에 역할을 맡기까지 필요한 신체적·감성적·정서적 훈련이 훨씬 더 큰 비중을 차지한다. 실제 연극치료 작업의 대부분은 바로 이와 같은 후자의 방식으로 이루어져 있으며, 그렇기 때문에 연극치료 작업 과정들이 감각통합 방식과 유사하다고 생각하는 사람들도 있다. 발달장애아를 위한 연극치료는 어떻게 보면 이를 통해 그들이 제대로 역할을 수행할 수 있도록 하는 것이라고 할 수 있을 만큼 신체와 정서적 접근이 주를 이룬다. 바로 여기에 해당하는 것이 극적 발달 단계인 EPR 이론이다.

그럼 이제 EPR이 정확히 어떤 단계를 의미하는지 그리고 그것이 연극치료 이론으로서 어떻게 실제로 기능하는지, 특히 발달장애아를 위해서는 이를 어떻게 구조화해야 하는지 살펴보자.

체현:
감각과 신체적 자각

오감 자극과 움직임은 신체 인식에 탁월하다.
그것은 자아 형성의 기초가 된다.

다시 앞에서 언급한 갓난아기의 성장 단계로 돌아가 보자. 인간은 두 발로 서기까지 여러 단계의 신체 움직임 과정을 거친다. 처음에는 누운 상태에서 점차 양 옆으로 몸을 돌릴 수 있게 되고, 그다음으로 몸을 뒤집을 수 있게 되면 엉금엉금 기어다닌다. 처음에는 양팔로 그러고 나서는 무릎을 이용하여 기다가 몸을 반쯤 세우게 되고, 이러한 과정을 거치면서 점차 일어나 설 수 있게 되고, 한 걸음 한 걸음 조금씩 발을 떼면서 걸을 수 있게 되고, 이것이 충분히 습득된 다음에는 뛸 수 있게 되는 것이다. 만 1세가 지나게 되면 신체의 놀림은 어느덧 매우 자연스러워져서 우리는 어떻게 서고 뛸 수 있었는지도 생각하지 않게 될 뿐만 아니라, 심지어 자신이 전에는 누워 있는 갓난아기였고 엉금엉금 기어다 녔으며 두 발로 서는 것에 대해 두려워하였다는 사실조차 까마득히 잊게 된다.

이 과정 속에 또 한 가지 중요한 발달 단계가 포함되는데, 그것은 바로 '잼잼' '도리도리' '곤지곤지'와 같이 우리 선조들로부터 전해 내려오는 놀이다. 아기가 어느 정도 사람을 보고 인식할 수 있는 정도가 되면 어른들은 아기를 보고 '잼잼' 하면서 손을 쥐었다 폈다 반복하는 놀이를 하거나, 또는 '도리도리' 하면서 머리를 양쪽으로 흔들기도 한다. 그런가 하면 한 손을 펴고 다른 손의 손가락으로 그 편 손바닥을 찌르면서 '곤지곤지' 하며 놀아 준다. 이 놀이들은 손이나 머리 등 신체 부분의 움직임을 훈련시키려는 목적을 가지고 있는데, 이를 극적 발달과 관련지어 보면 그것은 움직임 이전에 '모방'에 해당된다. 왜냐하면 그 놀이는 어른이 하는 것을 보고 그대로 따라하는 것이기 때문이다.

이처럼 생후 1년까지 우리가 성장하게 되는 과정을 단계별로 살펴보면, 제일 먼저 울고(소리-청각), 어머니의 젖을 빨고 만지며(촉각-후각-미각), 사물을 보게(시각) 된 다음, '모방' 동작을 따라하게 되고, 이와 더불어 신체적인 움직임이 점차 발달하게 되는 것을 알게 된다. 바로 이런 것들이 '체현(Embodiment)'에 해당하며, 이는 크게 세 가지, 즉 감각, 모방, 움직임으로 이루어져 있다고 할 수 있다. 이제 각각의 발달 놀이가 실제 연극치료 작업 중 체현 단계에서 어떻게 적용되며, 그 결과 어떤 변화를 가져오는지 살펴보고자 한다.

체현은 말 그대로 '몸화', 즉 '몸으로 입는 것'을 말한다. 이것은 우리 발달 단계의 맨 처음에 해당하는 것으로, 의식하지 못하는 사이 체득되어 거의 본능처럼 여겨지는 행동들을 가리킨다. 그런데 바로 이러한 체현 단계를 거치면서 우리는 자기 자신만의 고유함을 갖출 수 있게 된다. "세 살 버릇 여든까지 간다."는 우리 속담이 바로 이러한 의미로 해석될 수 있는데, 태어나서 만 2세까지 습득한 체현이 그만큼 자아 형성에 결정적이라는 말이다. 따라서 체현을 활성화하기 위한 여러 자극은 자기 자신에 대한 인식을 위해 가장 우선되어야 하는 작업이라고 할 수 있다.

1 감각

우리의 감각은 시각, 청각, 촉각, 후각, 미각의 오감으로 이루어져 있으며, 이것들은 태어나면서 제일 먼저 습득되면서 자연스럽게 우리 몸의 일부를 이룬다. 이처럼 워낙 어릴 때 몸에 밴 감각은 성장한 후에는 일상생활 속에서 자신이 감각 활동을 한다는 사실조차 미처 의식하지도 못할 만큼 우리 몸과 하나가 된다. 그래서인지 실제 연극치료 작업에서 감각을 자극하는 프로그램을 제일 먼저 하는 것은 그동안 잊고 살았던 자기 자신에 대해 다각도로 생각할 수 있도록 하는 데 많은 도움이 된다.

그런데 발달장애아에게 있어서 이 감각 단계가 원활하지 못한 경우가 많다. 그중에서도 특히 청각이 그러한데, 많은 발달장애아들은 선천적인지 후천적인 것인지 모르지만 유독 소리에 민감하다. 그래서 어떤 아이들은 소리 자체를 무조건 싫어하거나, 어떤 아이들은 유달리 기계음 또는 방송에서 나오는 소리를 거부하기도 한다. 이 같은 현상은 앞서 말했듯이 우리가 태어나면서 하는 최초의 행위가 소리라는 것과 무관하지 않은 것으로 생각된다.

발달장애를 겪는 많은 아이들의 공통된 문제는 지나친 예민함이다. 상황에 맞게 적절히 표현할 줄 모르는 아이들이라고 해서 둔감하다든지 아니면 아예 느낄 줄 모른다고 치부하는 것은 착각이다. 오히려 그 아이들은 새로운 자극이나 낯설음을 보통 아이들보다 몇 배 더 민감하게 느낀다. 그래서인지 발달장애아들이 보여 주는 두려운 감정의 골은 매우 깊다. 그런 아이들이니만큼 세상과의 처음 만남인 소리에 적응하는 과정에서도 당연히 많은 어려움이 있지 않았을까. 어쩌면 소리 자극이 발달장애아에게 있어 여러 면에서 매우 효과적인 것은 이런 이유에서인지도 모른다.

2 소리 자극

언어 이전에 소리가 있다. 소리는 우리 내부에서 나오기도 하지만, 외부에 존재하는 모든 사물이 서로 부딪치면서 나기도 한다. 이러한 소리를 통해 우리는 다른 사람들과 자연스럽게 의사소통한다. 말을 할 줄 모르는 아기였을 때에는 모든 대화를 소리로만 하였고, 성장한 뒤에도 다급한 상황에 처하게 되면 본능적으로 소리를 내게 된다.

소리는 이처럼 우리의 존재 자체이기도 하다. 따라서 자기가 가장 편안함을 느끼는 소리를 찾게 되면 그때부터 소리는 더 이상 두려움의 대상이 아니다. 오히려 소리에 대한 반응이 활성화되어 여러 다양한 소리들이 주는 느낌을 상상하고 자신을 표현하기에 적합한 소리를 보다 명료하게 찾을 수 있게 된다. 뿐만 아니라 이를 통해 그동안 잊고 살았던 자신의 본래 모습을 다시 돌아보게 되는 것이다.

이를 위해 실제 작업에서는 대상에 따라 다양한 방식으로 소리를 체험하도록 할 수 있다. 소리에 대한 거부가 없는 참여자들의 경우에는 여러 악기나 주변 사물을 가지고 다양한 소리들을 경험하도록 한다. 그러고 나서 스스로 적절한 소리를 찾은 뒤에는 각각의 소리로 대화를 하도록 하면 서로 공감할 수 있는 능력이 훨씬 더 풍부해진다. 또한 소리 자체를 거부하는 참여자들의 경우에는 우선 어떤 식으로든지 소리 그 자체에 대해 적응하도록 하는 것이 중요하다. 예를 들어 신체 접촉을 통해 이완하는 가운데 좋아하고 편안해하는 소리로 먼저 주고받는 것으로부터 시작하여 점차 싫어하며 거부하는 소리까지 받아들일 수 있도록 하고, 결국에는 어떤 소리든지 적응하고 즐길 수 있도록 이끌어 준다.

이처럼 소리에 적절히 반응할 수 있게 되면 참여자는 여러 다른 감각 자극을 자연스럽게 받아들이게 되고, 특히 자신을 표현할 수 있는 힘이 향상된다.

3 촉각

소리 못지않게 평소 의식하지 못하는 감각을 자극하기에 좋은 것이 촉각이다.

모든 감각이 우리 몸과 직접적으로 반응하지만, 촉각은 무엇보다도 그 느낌이 신체를 통해서 가장 직접적으로 전해지기 때문이다. 촉각이라고 하면 우리는 단순히 손으로 만지는 것을 연상하지만 그것은 일부일 뿐이며, 크게 보면 나와 다른 존재와의 신체적 접촉을 의미한다. 여기에서 다른 존재란 때로는 사람이기도 하고 때로는 사물이기도 하다. 예를 들어 어머니가 아기를 안고 뒹구는 것 역시 촉각에 해당되며, 혼자서 무엇인가를 만지작거리며 노는 것 또한 촉각에 속한다.

촉각 자극 역시 소리와 마찬가지로 특히 발달장애아들에게 많은 도움이 되는데, 만지는 물체가 부드럽거나 말랑말랑할 경우 자신도 모르는 사이 편안해진다는 장점이 있다. 이러한 목적으로 사용하기 좋은 소재는 밀가루, 모래, 헝겊 등이며, 실제 연극치료 작업에서 감정적으로 매우 격앙된 사람이라 할지라도 이 같은 물체를 만지면서 잠시 시간을 보내게 되면 차분해지고 편안해지는 것을 볼 수 있다.

소리가 우리의 예민함을 일깨우는 동시에 본질적인 성향을 보다 잘 인식하게해 준다면, 촉각 자극은 평소 의식하지 못했던 감각을 활성화해 줄 뿐만 아니라이를 충분히 느끼면서 외부의 사물 또는 사람들에 대해 편안한 관계를 가질 수 있도록 해 준다. 이러한 감각 자극은 무엇보다 우리에게 편안함과 안정감을 주기 때문에 실제 치료 작업 초반부에 많이 이루어진다. 하나의 감각에 집중하기위해서는 다른 감각을 차단하는 것이 유리하기 때문에 청각, 촉각 자극 시에는눈을 감고서, 즉 시각을 차단함으로써 더 깊이 느낄 수 있게 한다.

4 모방과 움직임

모방과 움직임은 사실 동전의 앞뒤 면과도 같은 본능 행위지만, 엄밀히 따져볼 때 먼저 시작하는 것은 당연히 움직임이다. 움직임은 우리에게 생동감을 줄 뿐만 아니라 우리가 살아 있다는 확실한 증거이기도 하다. 그런데 움직임은 모방으로 인해 더욱 활발해진다. 모방은 앞에서 말했듯이 누군가를 볼 수 있기 때문에 가능한 행동이다. 누군가를 보고 따라할 수 있다는 것은 머릿속에서 의식적으로 다른 사람의 행동을 자신의 것과 구별한다는 의미가 담겨 있다.

대부분의 사람들에게 있어 이와 같은 모방은 마치 태어나면서부터 그러했던 것처럼 지극히 자연스러운 행동이지만, 발달장애를 지닌 사람들에게는 그렇지 않은 경우가 많다. 다른 사람들에 대해 무관심한 그 아이들은 그들의 행동을 따라할 필요 또는 즐거움을 느끼지 못하기 때문이다. 이를 뒤집어 생각해 보면 모방의 의미가 더욱 분명하게 드러난다. 즉, 발달장애아들이 모방 행동을 하게 되면 행동을 따라하는 일의 필요성과 즐거움을 알게 되고, 그 결과 다른 사람들에게 관심을 가지게 되는 것이다. 이렇게 볼 때 모방은 발달장애아들이 반드시 습득해야 할 필요가 있는 행위라고 생각된다.

바라보고 그대로 따라하는 모방이 제대로 이루어지지 않을 경우, 신체 접촉을 통한 움직임부터 시도하는 것이 바람직하다. 이 작업은 특히 중증 발달장애아들에게 유용한데, 치료사가 아이를 품에 안고 다른 사람이 움직이는 것을 바라보게 한 다음 그 행동을 치료사가 아이의 몸을 움직여서 따라하도록 도와준다. 이 과정을 반복하면 어느새 치료사의 도움 없이도 따라 움직일 수 있게 된다. 즉, 모방이 가능해지는 것이다.

모방 본능이 회복되면 움직임에 대한 욕구가 더욱 많아진다. 그런데 '체현' 활동을 위한 움직임은 의미 있고 복잡한 것보다는 단순하고 본능적인 것이 더 바람직하다. 예를 들어 바닥에 누워 이리저리 뒹굴어 본다든지 또는 신체 각 부위가 느껴지는 대로 자연스럽게 움직이는 것이 좋다. 이를 위해서 음악을 사용하는 것도 효과적이다. 왜냐하면 리듬과 멜로디에 따라 느껴지는 대로 움직이다

보면 어느덧 자신에게 아주 익숙했던 본래의 신체적 움직임을 되찾게 되고, 이러한 움직임의 목적은 자신의 본래 모습에 보다 쉽게 다가가고 이를 인식하는 데에 있기 때문이다.

감각, 모방 그리고 움직임으로 이루어지는 체현 단계는 지금까지 살펴보았듯이 우리에게 편안함과 안정감을 줄 뿐만 아니라, 그 과정 속에서 무엇보다 '즐거움'을 경험하게 해 주는데, 그 즐거움의 감정은 오랫동안 잊고 있었던 자신의 감각을 회복하고 신체적 움직임을 되찾았다는 편안함에서 나온다. 이를 통해 우리는 본연의 자기 자신을 인식할 수 있게 되고 스스로를 자연스럽게 표현할 수도 있다. 또한 이와 같은 체현 활동 체험은 모르는 사이 우리에게 자신감을 갖게 해 준다. 자기를 바로 알게 되는 즐거움, 이것으로 인해 자신에 대한 신뢰감이 높아지기 때문이다. 이 단계가 되면 이제 우리는 자기만의 세계를 벗어나 다른 사람들을 향할 수 있게 된다. 그것이 바로 투사 단계다.

투사

투사는 자신과의 분리다. 그것은 관계 형성의 기초가 된다.

아직 돌이 채 안 된 아기에게 인형은 제 구실을 하기는커녕 그저 주변에 굴러다니는 돌멩이 정도에 불과하다. 이제 막 이빨이 나기 시작하는 아기라면 인형을 입에 물고 잇몸으로 잘근잘근 씹으면서 놀기도 하겠지만, 그렇지 않은 경우 인형은 단지 손에 잡히는 도구이든지 아니면 마음대로 움직이는 데 방해가 되는 물체일 뿐이다.

이렇게 행동했던 아기가 자라면서 인형을 새롭게 인식하고 귀중한 보물처럼 다루기 시작한다. 인형의 본래 가치를 인식하게 된 것이다. 이제 인형은 더 이상 죽어 있는 사물이 아니다. 마치 살아 있는 사람처럼 밥도 먹을 줄 알고 옷도 갈아입을 줄 안다. 즉, 의미 있는 존재가 되어 자신과 이야기도 하고 서로 주고받을 수 있는 관계가 되는 것이다. 적어도 아이에게는 말이다. 이전 '체현' 단계에서 어느 정도 자아를 형성한 아이는 다른 사람들과 적절하게 관계를 맺을 수 있게 된다. 그래서 어른들이 자기에게 했던 행동을 그대로 인형에게 투사(projection)한다. 우유병을 물린다든지, 말 안 듣는다고 맴매 한다든지, 등에 업고 재우면서 자장가도 불러 주는 등 인형을 갖고 노는 것이다.

이 단계에서 아이는 아직 허구와 실제를 명확하게 구별하지는 못하지만 그래도 자기 외의 다른 사람을 보고 생각할 줄도 알고 적절한 반응을 하기도 한다. 상벌에 대한 개념도 어느 정도 형성되어서 자신이 잘하면 부모가 기뻐하고 잘못하면 혼난다는 것도 알아차리곤, 어떨 때는 혼날까 봐 미리 울음을 터뜨리기도 한다. 이 단계의 아이에게 있어서 인형은 반드시 사람의 형상만이 아니다. 로봇, 자동차, 동물 등 구체적인 모습을 갖춘 형상물이면 되는 것이다. 그리고 이와 같은 인형놀이는 곧이어 친구들과의 소꿉놀이로 확장되기 때문에 투사 활동은 아이의 사회성 발달에 필수적이다.

사실 연극치료의 많은 부분은 바로 이 투사 단계에 해당된다. 왜냐하면 여러 문제들은 다른 사람과의 관계 형성이 원활하게 이루어지지 않음으로 인해 발생하게 되고, 이는 자신과 타인을 제대로 이해하지 못하는 것에서 비롯되는 경우가 대부분이기 때문이다. 따라서 다양한 투사 방법을 통해 자기 자신을 제대로

색종이로 자신이
생각하는 것을 만드는 투사 작업은
거리감 형성에 탁월한 효과가 있다.

보고 또 다른 사람들을 이해할 수 있게 될 때, 우리는 문제를 해결할 수 있고 건강한 삶을 살 수 있는 힘을 얻게 되는 것이다.

발달장애아의 경우 정도의 차이는 있지만 대부분 투사 활동을 활발하게 하지 못하는데, 이는 방금 언급한 경우와는 다르다. 그들의 문제는 다른 사람과의 관계에서 비롯되는 것이 아니라 그 관계를 맺어야 하는 필요성조차 느끼지 못함에서 나타나는 것이기 때문이다. 즉, '나'와 '너'라는 존재에 대한 개념도 희박하다는 것인데, 이런 맥락으로 볼 때 발달장애아들의 공통된 특성 가운데 하나가 사회성 부족이라는 사실은 쉽게 이해된다. 따라서 이들을 위한 연극치료에서 투사는 오랜 기간을 통해 수차례 반복하며 실행해야 하는 중요한 작업이며, 피겨를 통한 인형놀이와 같이 단순한 것으로부터 시작하는 것이 바람직하다.

1 인형놀이

발달장애아들이 인형을 대하는 태도는 크게 두 가지다. 아예 무관심하거나, 아니면 지극히 한정된 것만 갖고 논다. 즉, 여러 종류의 인형이나 물체를 가지고 다양하게 놀 줄 아는 발달장애아는 거의 없는 것이다. 아주 무관심한 경우에는 인형을 만지려는 생각조차 하지 않는다. 따라서 인형놀이의 출발은 인형에 대해 관심을 갖도록 유도하는 것부터 시작되며, 이를 위해 치료사들이 인형극을 보여 주는 것도 좋은 방법이 된다. 다양한 인형을 사용하여 이야기하거나 극을 보여 줄 때 아이들은 모르는 사이 인형 자체를 자연스럽게 받아들이게 되기 때문이다.

아이들이 인형에 대한 관심을 갖게 되면, 다음 단계로 인형을 가지고 제대로 놀 수 있도록 이끌어야 한다. 그리고는 자유롭게 인형을 만지고 움직이면서 이야기도 하고 극 속 역할도 흉내 낼 수 있게끔 한다. 이와 같은 극적 투사 발달 단계는 일반적으로 만 2세에서 5세까지에 해당되는데, 이제 아이는 인형놀이뿐만 아니라 실제 친구들과도 활발하게 놀 수 있으며, 더 나아가 허구와 현실을 구별할 수 있는 힘까지 갖게 된다. 이 과정에 도움이 되는 또 다른 놀이가 바로 상징놀이다.

2 상징놀이

인형놀이가 직접적이고 실제적인 데 비해 상징놀이는 간접적이고 은유적이다. 예를 들면 소꿉놀이를 할 때 엄마 또는 아빠 인형 대신 엄마나 아빠의 특성을 연상시키는 물체를 가지고 노는 것이 상징놀이라고 할 수 있다. 이 같은 놀이가 매우 평범한 것같아 보이지만 충분한 연상 작용에 의한 것인 만큼, 사물에 대한 이해가 어느 정도의 수준까지 도달하였다는 것을 의미한다고 보아도 무방할 것이다.

인형놀이에서 상징놀이로 바뀐다는 것은 이미 허구와 실제에 대한 구분이 명확해졌다는 것을 전제한다. 미니 자동차를 가지고 노는 것과 나무토막을 자동차로 여기면서 굴리는 것은 유사해 보이지만 큰 차이가 있다. 그것은 사실과 허구를 구별할 수 있게 되었다는 것뿐만 아니라 사물과 사물 또는 사람을 서로 관련지어 생각할 수 있게 되었음을 의미하기 때문이다. 이처럼 사물 간의 관계를 연상할 수 있는 힘은 사고력을 확장시키고 또한 상상력을 키우는 데 많은 도움이 된다.

투사에 해당되는 놀이는 인형과 상징 외에도 이야기하기, 그림 그리기, 악기 다루기 등 매우 다양한데, 이러한 방법들은 대부분 구체적인 대상을 매개로 한다는 공통점이 있다. 무엇인가를 연상하며 볼 수 있다는 것은 이미 그것에 대한 인식이 뚜렷해졌다는 의미이며, 따라서 사물에 대한 적절한 거리감각을 갖추었다는 것을 뜻한다. 투사가 우리 자신을 돌아보게 하는 중요한 기법인 이유는 이와 같은 거리감에서 비롯되며, 이로 인해 다음 단계인 관계 형성이 가능해지는 것이다.

역할

역할은 다양함을 인정하게 한다. 그것은 사회성 발달의 핵심이다.

극적 발달의 마지막 단계는 역할(role)인데, 만 3, 4~7세에 해당되는 아이들이 이 시기를 경험하고 나면 사회생활을 정상적으로 시작할 수 있는 힘을 얻게 된다. 다른 사람과 관계를 원만하게 가질 수 있는 능력을 사회성이라고 하는데, 자신이 처한 상황에 따라 적절하게 다양한 역할을 소화하면서 변화할 수 있는 것을 의미하기도 한다. 이러한 대응력은 어떤 이야기든지 제대로 이해하고 그 속에 있는 역할들 간의 관계를 파악할 수 있는 데에서 온다.

역할 입기는 내가 아닌 다른 존재가 되는 것으로, 다른 말로 하면 다양한 변신이라고 할 수 있다. 하지만 극적 발달 단계의 '역할'은 아직 그 수준까지 미치지는 못한다. 여기에서는 인물 그리고 관계의 다양함을 이해하는 것만으로도 충분하다. 만 7세 시기는 그때부터 다양한 역할 경험을 시작할 수 있는 단계이기 때문이다. '역할'의 중요함은 또한 그 안에 감정이 포함되어 있다는 사실에서도 확인된다. 따라서 하나의 역할을 수행하였다는 것은 그 역할이 내포하고 있는 모든 것에 대해 온전히 이해하였음을 뜻한다.

발달장애아를 위한 연극치료에서 '역할'은 우선 단순 모방부터 출발한다. 어떤 역이든지 치료사가 수행하는 것을 먼저 보고 이를 그대로 따라하는 과정을 거듭하게 되면, 어느새 아이는 그 역할을 제대로 이해하고는 거기에 합당한 자연스러운 어조와 감정을 표현할 수 있게 된다. 이렇게 되면 그 역할이 되어 어떤 대상과 만날 때에도 적절한 반응을 할 수 있는 힘이 생긴다. 따라서 발달장애아들이 즉흥극 속의 역할을 맡아 자연스럽게 극을 끌어갈 수 있게 되기까지 적지 않은 시간이 걸린다. 하지만 이것이 가능해지면 연극치료 과정은 거의 마무리 단계에 왔다고 할 수 있다.

지금까지 우리는 극적 발달 단계인 EPR에 관하여 발달장애를 중심으로 살펴보았다. 사실 체현-투사-역할은 서로 엄격하게 분리할 수 있는 단계도 아니며 또한 반드시 정해진 순서대로 행해져야 하는 것도 아니다. 그것은 대부분의 작업에서 공존하며 때로는 서로 순서를 바꾸어서 실행할 때 보다 효과적일 수 있다. 연극치료에서 가장 중요한 것은 연극 공연과 마찬가지로 '지금-여기'라는 현장성이며, 이러한 현재진행형인 만남 속에서 전개되는 분위기의 흐름에 따라 유연하고 적절하게 적용하여 작업을 진행하는 것이다.

또한 극적 발달의 '역할'은 우리가 성장함에 따라 계속 확장되어 연극치료의 중요한 이론으로 유효하게 사용된다. 이에 관해서는 다음 장에서 좀 더 살펴볼 것이다.

장님놀이는 두 명이 한 조가 되어 한 사람이 다른 사람을 이끌어 주는 놀이로, 대상과 상황에 따라 다양하게 적용될 수 있다. 가장 일반적인 것으로는 장님 역을 맡은 친구가 자신을 이끌어 주는 친구를 믿고 따라가게 하는 놀이가 있는데, 이는 신뢰 형성을 위하여 필요한 놀이다. 이 변형으로 눈을 감은 친구의 손을 잡고 이끌어 주거나 또는 소리로 지시하면서 무사히 장애물을 통과하도록 하는 놀이도 있다.

그런데 이러한 장님놀이를 발달장애아들에게 곧바로 적용하는 것은 썩 적합하지 않은 것 같다. 왜냐하면 대부분의 발달장애아들은 눈을 감는 것에 대해 거부하기 때문이다. 따라서 우선적으로 눈감는 것에 익숙해지도록 하는 것이 필요하다. 이를 위해서는 다른 감각을 활용하도록 하는 것이 좋은데, 예를 들어 눈을 감고 헝겊이나 종이 등의 사물을 만지면서 촉각을 활성화하는 것이 효과적이다. 이렇게 해서 눈감기에 익숙해지면 그다음으로 눈을 감고 치료사의 손에 이끌려 공간을 다니면서 여러 물체를 만지도록 한다. 처음에는 앉은 상태에서 눈감기에 익숙해지도록 하고, 그리고 나서 공간을 걸어다닐 수 있게 되면 점차 본격적인 장님놀이를 할 수 있게 되는 것이다.

극적 발달 단계로 볼 때 장님놀이는 움직임과 감각, 즉 '체현' 단계에 해당하는 것으로, 특히 공간에 대한 안전감을 갖게 하고 사람 간의 신뢰를 형성하게 하는 데 좋은 작업이다.

중성가면은
인물에 대해 상상할 수 있는
여지를 풍부하게 제공한다.

Chapter 05

역할
모델 이론

연극치료의
시작

"비엔나 공원에서, 1911년 무렵

나무 등걸에 걸터앉아 있는 청년 모레노를 중심으로 동심원을 그리며 앉아서 그의 동화를 듣고 있는 아이들, 그 아이들 머리 위로 끝없이 펼쳐진 푸른 하늘, 마치 동화 속에 모두가 빨려 들어가는 것만 같은, 아니 현실을 벗어나 동화세계에 들어온 것만 같은 착각, 환상의 시간과 공간······."

– 최헌진, 『사이코드라마』 (학지사, 2003), 73쪽.

태초에 모레노가 있었다

사이코드라마의 창시자 제이콥 모레노(Jacob Moreno)는 정신과 의사 시절 가끔 비엔나 공원에 나가 아이들과 연극을 하면서 즐겁게 놀곤 하였다. 빙 둘러 앉아 그가 해 주는 이야기를 재미있게 듣던 아이들이 연극을 할 때 전혀 생각하지 못했던 기발한 것들로 형상화되는 기쁨을 맛보면서, 그는 모르는 사이 뿜어져 나오는 자발성과 창조성의 힘에 감탄하곤 하였다. 이 경험을 통해 연극 작업이 심리치료에 매우 탁월하게 적용될 수 있다는 것을 확인한 그는 이를 구조화하고 이론화함으로써 '사이코드라마'라는 새로운 영역을 만들게 된다. 오늘날 연극

100

치료 역시 그 시발점을 바로 이러한 모레노의 창조적 연극놀이로 삼고 있다.

하지만 모레노에게는 연극 자체보다는 심리치료가 주 목적이었던 만큼 사이코드라마에는 연극이 전적으로 쓰이기보다는 그 일부가 적용된다고 할 수 있다. 즉, 그가 구조화한 역할 중심의 관계를 극대화하여 이를 치료 방법으로 사용하는 것이다. 사실 역할은 모레노 이전에 여러 사회학자 또는 인류학자들이 많이 언급하였는데, 모레노는 기존의 이론을 토대로 보편적인 발달 단계와 관련지어 이를 다음과 같이 세 가지로 구분하였다.

❶ 정신적 · 신체적 혹은 생리적 역할
❷ 공상적 혹은 사이코드라마적 역할
❸ 사회적 역할

생리적 역할이란 우리의 본능이 요구하는 바를 충족시키고자 함에 따라 형성되는 것으로 예를 들어 빠는 자, 삼키는 자, 잠자는 자 등이 여기에 해당된다. 공상적 혹은 사이코드라마적 역할이란 우리가 만들어 내는 상상 속 역할을 가리키며, 사회적 역할은 우리가 속한 사회의 일원으로 살아가는 가운데 다른 사람과 관계를 맺으면서 생기는 것으로 딸, 아들, 부모와 같이 혈연관계에 의한 역할도 있고 또 회사원, 주부, 학생 등과 같이 하는 일에 의한 역할도 여기에 해당된다.

이것이 외부로 드러나는 우리의 역할인데, 그는 또한 우리의 내면에서 형성되는 것을 역할 수령자, 역할 취득자, 역할 연기자의 세 종류로 분류하였다. 모레노의 독창적인 작업은 바로 여기에서 구체화되기 시작하였다. 태어나면서 자연스럽게 얻어지는 것이 역할 수령자라면, 역할 취득자는 신체적 · 환경적 · 사회적 상황의 변화에 따라 적응하는 법을 배우면서 얻게 되는 것을 가리킨다. 전자가 생물학적 관련이 있는 데 비해 후자는 인지적 발달과 밀접한 관련을 맺고 있다. 그리고 이런 것들을 바탕으로 역할이 행동으로 표현할 때 역할 연기자가 된다. 역할 연기는 역할 수령이나 취득과 달리 나 자신을 외부로 표출하는 것을 뜻하며, 이처럼 외면화되는 행동은 자신이 받아들이고 내면화한 역할의 바탕 위에서 나온다. 다시 말해 역할 연기의 이면에는 취득된 역할이 담겨 있는 것이다. 여기서 취득된 역할이란 곧 자기 정체성을 의미하는 것으로 볼 수 있다.

사실 역할은 자아 또는 자기 개념과 거의 불가분의 관계이며, 위의 세 가지 역할 또한 정확히 나누어지는 것이 아니라 서로 관계를 형성하고 영향을 주고받는 가운데 문제 행동으로 표출된다. 따라서 이러한 분류를 치료 과정에 접목하기 위해서는 보다 여러 층위에서 대상자를 면밀히 진단·평가하고 파악하는 것이 선행되어야 할 것이다.

모레노의 역할 분류에 따르면 발달장애아들은 생리적 역할 그리고 역할 수령자로서의 수준에 머물러 있다. 따라서 발달장애아들에게 있어 공상적 그리고 사회적 역할, 역할 취득과 연기로의 확장은 당연히 그들의 사회성 발달에 많은 도움을 주게 된다. 여기서는 발달장애를 주 대상으로 하는 만큼 랜디의 역할 모델 이론을 간략하게 살펴본 뒤 그들을 위한 역할 확장의 가능성에 대하여 집중적으로 탐색해보기로 한다.

로버트 랜디의 역할 모델 이론

미국의 주요 연극치료 선구자 중 한 사람인 로버트 랜디(Robert Landy)는 모레노의 역할 이론을 더욱 발전시켰다. 그는 그리스 비극으로부터 현대에 이르기까지 총 600여 편의 희곡에서 공통되는 극적 인물 유형을 총 84가지로 정리하였다. 그는 먼저 신체적 · 인지적 · 정서적 · 사회적 · 영적 · 미적 유형의 여섯 가지 영역을 나눈 다음, 각 영역에 적절한 역할을 세분화하여 그 하위 유형까지 살펴보았다.

구분	영역	분류 기준
1	**신체 영역**	**연령, 성적 경향, 외모, 건강**
	아동/청소년/성인/노인	거세된 남자/동성애자/복장 도착자/양성애자
	미인/괴물/평범한 사람	광인/장애인/우울증 환자/의사
2	**인지 영역**	
	얼간이/바보/양면적인 사람/비평가/현자	
3	**정서 영역**	**도덕적, 감정 상태**
	순결한 사람/악당/속이는 사람/도덕주의자/부도덕한 사람/희생자/기회주의자/고집쟁이	
	복수하는 사람/조력자/속물/수전노/비겁한 사람/빌붙어 사는 사람/생존자	
	좀비/불만족한 사람/연인/황홀경에 빠진 사람	
4	**사회 영역**	**가족, 정치/정부, 법, 사회경제적 지위, 권위와 권력**
	엄마/아내/계모/과부(홀아비)/아버지/남편/아들/딸/자매/형제/조부모	
	반동주의자/보수주의자/평화주의자/혁명가/국가원수/수상/관료주의자	
	변호사/판사/피고/배심원/증인/검사	
	하층계급/노동자/중간계급/상류층/부랑자/코러스	
	전사/경찰/살인자	
5	**영적 영역**	**인간적 존재, 초자연적 존재**
	영웅/신비가/정통파/불가지론자/무신론자/성직자	
	여신, 신/요정/악마/마술사	
6	**미적 영역**	
	예술가/몽상가	

— Robert Landy, 『**억압받는 사람들을 위한 연극치료**』 (이효원 역), 133–140쪽 참조.

이를 토대로 하여 그는 '역할 메소드'라는 치료 과정을 설정하였는데, 이는 모두 8단계로 이루어진다.

역할 불러내기 — 역할 이름짓기 — 역할을 통해 작업하기 — 하위 역할에 있는 대안적 특징을 탐험하기 — 역할 연기 성찰하기 — 가상의 역할과 일상 현실을 연관짓기 — 역할 통합하기 — 사회적 모델링

처음 단계인 역할 불러내기는 즉흥적으로 이루어지기 때문에 자신의 무의식이 그대로 반영되는 경우가 많다. 이처럼 무의식적으로 불러낸 역할은 그것에 이름을 붙이는 작업을 통해 구체화되면서 동시에 일상의 현실에서 가상의 영역, 즉 극적 현실로 이동하게 된다. 그다음으로 역할 연기와 하위 역할의 대안적 특징 탐험하기를 통해 역할을 깊이 있게 체험하는데, 바로 이러한 역할의 심화와 확장이 이루어지면서 역할 속 모순과 양면성을 발견하게 된다. 역할 메소드에서 핵심적인 포인트는 바로 여기, 역할의 양면성에 직면하고 이를 충분히 이해함으로써 자신을 돌아보도록 하는 데 있다.

또한 지금까지 진행하였던 역할 연기에 대해 성찰하는 과정을 통하여 자기 자신에 대해 보다 구체적으로 인식하게 되고, 이는 곧 허구에서 다시 현실로 돌아왔음을 의미한다. 그 결과 역할 통합 과정에서는 역할 양면성을 아우를 수 있는 능력 그리고 다른 사람들과 함께 살아갈 수 있는 가능성을 발견하게 된다. 마지막 과정인 사회적 모델링은 새롭게 인식하고 습득한 역할을 연습하는 단계라고 할 수 있다.

모레노가 연극에서 역할이라는 일부분을 기법화하여 현실적인 접근에 사용하였다면, 랜디는 여기에서 한 걸음 더 나아가 다른 사람과의 관계 속에서 자신

의 역할이 어떻게 기능하는지 인식하도록 하기 위해 현실을 살아가는 자신의 실제 모습보다는 허구의 이야기 속 역할들을 많이 활용한다. 다시 말해 랜디는 모레노의 역할 이론을 더욱 확장하였을 뿐만 아니라 그것을 가상의 현실, 즉 이야기 속에서 은유적으로 접근하여 여러 차례 반복 경험할 수 있도록 하였다는 점에서 의의가 있다. 그의 역할 메소드는 현재 연극치료의 진단 및 평가 그리고 과정 전반에 걸쳐 다양하게 적용되고 있으며, 이론과 실제 양면에서 심화·연구되는 가운데 큰 영향력을 행사하고 있다.

역할 메소드는 앞에서도 강조하였듯이 의사소통 및 인지능력에 큰 불편함이 없는 사람들을 대상으로 하였을 때 효과적이다. 따라서 발달장애와 같이 사회성 부족 자체가 문제되는 경우에는 실행하기 어려운 것이 사실이다. 다만 각 대상에 적합하도록 이를 변형·적용할 수는 있을 것이다. 역할은 우리가 사는 현장이라면 어디든지 어떤 형태로든지 존재하는 것이기 때문이다. 이는 발달장애가 심한 경우라 해도 예외가 아니다.

발달장애를 위한 역할 모델

대다수의 사람들은 발달장애의 정도가 심한 아이에 대해 사회성은 물론이고 가장 기본적인 최소한의 관계조차 인식하지 못하는 것으로 생각한다. 그래서 그 아이에게 연극 활동은 가능한 것이 아니라고 단정지을 뿐만 아니라 이야기 인지력도 떨어지기 때문에 옛날이야기를 들려주려는 시도조차 하지 않는다.

이는 발달장애아들에게는 상상력이 없다는 고정관념 때문이기도 하겠지만, 그보다는 그 아이들이 실제로 그렇게 보이는 경우가 많기 때문이다.

사실 발달장애아들과 역할을 활용한 연극 작업을 하기까지에는 적지 않은 시간이 소요된다. 그러나 그들과의 작업 결과 얻게 되는 효과는 앞에서도 말했지만 단순히 사회성 향상의 수준을 훨씬 넘어서고 있다. 그들에게 있어서 연극을 통한 역할 활동은 잘못 습득된 역할을 바로 인식하고 균형을 이루게 하는 것이 아니라 전혀 새로운 역할을 받아들이도록 하는 것이기 때문이다. 그러나 이 과정의 실현이 대단히 어렵기 때문에, 이를 위해서는 선행 작업들을 오랜 시간 동안 여러 차례 반복하여 실행하는 것이 필요하다.

우선 집중적으로 체현 활동을 함으로써 충분히 감각과 감성을 일깨워 준 다음, 여러 매체를 사용하여 다양한 투사 활동을 체험하도록 하면 최소한의 역할 모방이 가능해진다. 그러고 나면 비로소 역할 입기와 역할 연기의 가능성이 보이는데, 이 단계에 오기까지 짧게는 6개월, 길게는 1년 넘게 걸린다. 물론 이러한 과정들은 단계별로 순차적으로 이루어지는 것이 아니라 복합적으로 이루어진다. 특히 연극 활동은 하나의 프로그램 안에 체현과 투사, 역할이 고루 포함되어 있는 경우가 많기 때문에 더욱 그러하다.

역할 작업을 들어가기 위해 가장 효과적인 방법은 결과적으로 볼 때 이야기다. 실제 이야기이건 가상의 이야기이건 이야기 속에는 인물이 있고, 인물 간에 생기는 갈등과 사건은 각각의 인물이 지니고 있는 역할들이 서로 충돌하는 것에서 비롯된다. 따라서 이야기를 이해한다는 것은 역으로 갈등과 사건을 통한 인물들의 역할을 제대로 인지하였다는 의미가 된다. 아이들에게 이야기를 인식시켜 주기 위해서는 다음과 같은 방법들이 적절하다.

❶ 이야기 들려주기(storytelling)

❷ 극화하여 보여 주기(theatertherapy)

❸ 인형 등의 물체를 활용하여 인물 투사를 통해 극 끌어가기(projection)

아이들에게 이야기를 들려주거나 극 보여 주기를 할 때, 처음에는 듣거나 보는 이가 없어 혼자 원맨쇼 하는 듯한 기분이 들 때가 많다. 왜냐하면 아이들은 앞에서 우리가 어떤 활동을 해도 그다지 반응을 보이지 않기 때문이다. 따라서 이러한 프로그램을 진행함에 있어 다소 과장하거나 혹은 다른 방법을 함께 사용하는 것이 보다 효과적이다. 예를 들어 이야기를 들려줄 때 아이들과의 신체 접촉을 동시에 진행한다거나 다양한 인형 등의 물체를 사용하면 아이들의 관심을 보다 촉발시킬 수 있다. 또한 연극을 보여 줄 때 움직임이나 발성을 과장되게 하면 보는 아이들의 시선을 좀 더 적극적으로 이끌 수 있다.

이야기를 들려주고 보여 주는 행위에 비해 세 번째, 즉 인형 등의 물체를 활용한 인물 투사 방법은 아이들을 적극적으로 개입시키기에 적합한데, 이 가운데 가장 쉬우면서도 활용도가 높은 방법으로 인형 만들기가 있다. 우선 아이들 스스로 신문지를 가지고 마음껏 놀면서 인형을 만든 다음 자신이 만든 인형을 갖고 극 활동을 진행한다. 여기에는 인형과 그것을 조종하는 자신이라는 이중의 인물이 함께 움직이게 되는데, 바로 이와 같은 이중구조가 아이들로 하여금 역할을 인식하게 하는 데 효과적으로 작용한다. 이것은 또한 투사의 핵심 기능인 거리 두기의 결과물이기도 하다.

발달장애아뿐만 아니라 아이들을 대상으로 하는 연극치료 작업에서 다음의 세 가지 형태의 관계, 즉 보호자와 피보호자 / 도움 주는 사람과 받는 사람 / 가해자와 피해자의 역할에 대한 인식은 가장 기본적으로 갖추어야 하는 사항이다.

첫 번째 형태의 관계로는 부모-자식 관계, 두 번째 형태의 관계로는 친구 사이를 들 수 있다. 그리고 세 번째 가해자와 피해자는 힘의 역학관계를 말하는 것으로, 이는 가정-학교-사회로 점차 확장되는 구조 속의 대립적인 역할들을 의미한다.

1 보호자와 피보호자: 사랑

부모가 자신에게 어떤 존재인지 아는 것은 역할 인식의 출발점이라고 할 수 있다. 그것은 최초 그리고 최소의 타자와의 관계다.

모든 아이들에게 있어 어머니라는 존재는 특별하다. 어머니는 아이에게 이 세상 전부이기도 하고 또한 세상을 살아갈 수 있는 힘을 얻는 원천이기도 하다. 어머니는 갓난아기의 울음소리만 들어도 아이가 무엇을 원하는지 즉각적으로 알아차릴 뿐만 아니라, 좀 더 자라면 아이의 마음을 당사자보다 먼저 헤아려 준다. 그만큼 이 둘의 관계는 절대적이면서 초기에는 전적으로 의존적이다. 그러다가 아이가 성장하면서 의존도는 점차 줄어드는데, 나중에는 자신이 혼자 컸다고 착각할 정도로 완전히 분리된다.

사실 아이의 정상적인 발달은 어머니와의 분리로부터 시작된다고 할 수 있다. 따라서 발달 과정에서 장애를 겪는 아이들이 어머니와 제대로 분리되지 못한 상태에 있는 것은 어떻게 보면 지극히 당연한 일이다. 또한 어머니와 심한 분리불안 증상을 보이는 애착장애의 경우 역시 정상적인 발달이 이루어지지 않았기 때문에 경계성 발달장애와 혼동되는 것도 자연스러운 일이다. 그들에게 보호자와 피보호자의 역할에 대한 인식은 어머니와의 분리를 위한 것으로, 정상적인 발달을 위해서 무엇보다 시급히 이루어져야 하는 것이다.

그 아이들에게 어머니란 존재는 대부분 '나 자신'이기도 하고 또한 '나 아닌 나' 전체이기도 하다. 어머니는 그들에게 있어 자기 자신과 혼동될 만큼 밀착되어 있으며, 다른 한편으로는 그들이 외부와 소통하는 유일한 통로이자 외부 세계 그 자체이기도 한 것이다. 좀 더 심하게 말하면 그들의 세상에는 그 자신과 어머니라는 두 존재만이 있다고까지 할 수 있다. 그런데 그 속에서 어머니는 공기와도 같은 존재다. 따라서 당연히 있어야 함에도 불구하고 그 귀중함을 모르기 때문에 존재를 인식하기 어려운 것이다. 발달장애아들에게 있어서 역할에 대한 인식이 어려운 이유는 바로 이런 어머니와의 관계에서 오는 것인지도 모른다.

보호자와 피보호자의 관계에 관한 이야기는 셀 수 없이 많다. 아니 어떤 이야기이건 그 속에서 이런 저런 관계 양상을 끌어내는 방법은 무궁무진하다고 보는 편이 타당할 것이다. 이야기에 관한 부분은 다음 장에서 다루기로 하고 여기에서는 짧게 언급하기로 한다. 일례로 『아낌없이 주는 나무』를 보자. 나무는 소년이 원하는 것이면 무엇이든지 다 해 준다. 아무리 힘들어도 소년이 오면 마냥 좋아하고 한 마디 불평 없이, 심지어 소년이 자신을 통째로 베어 배를 만들게 할 정도로 소년을 향한 나무의 사랑은 무조건적이다.

이 이야기의 핵심은 소년과 나무 사이에 존재하는 '사랑'이다. 그런데 아이들은 이 연극을 보면서 자연스럽게 소년과 나무의 관계에서 자신과 어머니를 떠올리게 된다. 이전에는 따로 분리하여 생각해 본 적조차 없던 어머니와 자신에 대해 하나가 아닌 두 존재임을 알게 되고, 어머니라는 존재의 의미에 대해 어렴

풋하게나마 의식이 생기기 시작하는 것이다. 즉, 어머니는 자신에게 무한한 사랑을 주고, 자신은 그것을 당연하게 받는 존재라는 것을 알게 된다는 말이다.

이렇게 되면 어머니는 그 아이에게 있어 최초의 그리고 최소의 타자가 된다. 자신이 아닌 다른 존재에 대한 의식이 생긴다는 것은 집단이라는 사회구조를 이해할 수 있게 된다는 것으로서, 관계 형성을 할 수 있다는 의미이기도 하다. 이처럼 어머니를 통한 보호자─피보호자 역할에 대한 인식은 사회성 발달에 매우 중요한 의미를 지닌다.

이뿐만이 아니다. 이 관계에서 자신이 사랑받고 있다는 사실을 안다는 것은 아이의 불안과 두려움을 없애는 데에도 효과적이다. 아이의 성장에 있어 사랑은 최고의 영양분이다. 사랑만큼 우리에게 자신감과 안정감을 주는 것은 없다. 다른 사람들과 원만한 관계를 형성하는 것도 그 저변에는 자신이 충분히 사랑받고 있다는 확신이 있기 때문이다. 사랑은 자신이 버려질 수도 외면당할 수도 있다는 두려움을 극복하게 할 뿐만 아니라 그 사랑에 대한 책임감도 갖도록 한다.

아이들이 어머니와의 관계에서 자신이 사랑받고 있다는 사실을 알아야 하는 것은 바로 이런 이유 때문이다. 자신의 뒤에 든든한 부모 또는 보호자의 사랑이 버티고 있음을 확실히 알 때 아이들은 비로소 다른 사람을 향해 나아갈 수 있는 힘을 얻게 되는 것이다.

2 도움 주는 사람과 도움 받는 사람: 동등함

친구 역할 수행은 동등한 관계의 시작을 의미한다. 그것은 자아 정체성 확립의 기본이 된다.

〈토끼와 거북이〉 이야기는 아이들에게 바람직한 친구관계를 보여 주고자 할 때 사용할 수 있는 좋은 소재가 된다. 누군가 지고 이긴다는 시합을 다루는 내용도 그렇지만 토끼와 거북이라는 상반되는 성격과 움직임을 보여 줄 수 있는 캐릭터 또한 탁월하게 쓰이기 때문이다. 특히 어떤 상황에서도 반응이 별로 없는 발달장애아들에게 토끼의 빠른 움직임과 거북이의 느릿느릿한 몸짓은 모방을 통한 역할 입기 방법으로 아주 적절하게 사용된다.

하지만 이 둘의 관계를 활용할 때에는 토끼가 잘난 체하다가 거북이에게 지고 만다는 기존의 구조 대신, 둘이 서로 도움을 주는 것으로 바꾸는 것이 더 바람직하다. 누가 더 잘났고 못난 게 아니라 서로에게 잘하는 것이 있는가 하면 부족한 것도 있다는 동등한 관계로 보여 줄 때 아이들은 더 쉽게 이야기 속 역할로 들어온다. 즉, 토끼는 빨리 달리지만 경솔한 반면 거북이는 느리지만 성실하다든지, 달리기에서는 토끼가 거북이를 도울 수 있고 또한 생각하는 면에서는 거북이가 토끼를 도와줄 수 있다는 식으로 접근할 때, 아이들은 어느 역할이건 거부하지 않고 받아들이며 이들의 관계를 즐길 수 있다.

이처럼 도움을 주기도 하고 받기도 하는 역할을 통해 발달장애아들은 친구라는 존재와의 동등한 관계에 대해 인식하게 된다. 어머니와의 관계에서는 오로지 받기만 하는 존재인 자신이 다른 친구와 서로 주고받는 관계임을 받아들이게 될 때, 그 관계는 또 다른 친구와의 관계로 확장되며 비로소 집단 구성원 중 하나로서 자신의 존재를 확인하게 되는 것이다. 이것이 바로 '나'와 '타자'의 개념 형성이며, 자아 정체성은 이처럼 타자라는 존재와 관계를 맺을 때 서서히 확립되기 시작한다.

3 가해자와 피해자: 관계의 유기성

억압과 갈등은 가해와 피해라는 구조 속에 들어 있다. 이에
대한 인식은 사회의 일원으로 살아갈 수 있는 힘을 준다.

우리는 지금 발달장애아들에게 우선적으로
꼭 필요하다고 생각되는 역할 인식에 관해 이
야기하고 있다. 앞의 두 관계가 기초적인 자
아 형성에 관련되는 것이라면, 가해자와 피해
자라는 역할은 이에 비해 훨씬 더 고차원적이
다. 하지만 이것 역시 사회의 일원으로 건강
하게 살아가기 위해서는 필수적으로 인식해야 하는 역할들이다.

누군가 말했듯이 '건강함이란 자신에게 필요한 무엇인가를 당당히 요구할 수
있는 것'이기도 하다. 그리고 이러한 당당한 요구는 어느 상황에서든지 적절하
게 할 수 있어야 한다. 예를 들어 배가 고프면 먹을 것을 달라고 요구하는 것과
마찬가지로, 누군가 우리를 부당하게 대했을 때 그것을 시정해 달라고 요구할
수 있어야 하는 것이다. 이를 위해서 가해와 피해라는 관계에 대한 확실한 인식
은 필요하다.

〈피노키오〉 이야기 속에는 가해자와 피해자가 구체적으로 등장한다. 즉, 피
노키오와 그를 속여서 새장에 가두어 놓고 부려먹는 서커스 단장이 그 예인데,
이 이야기가 더욱 좋은 것은 그 가해와 피해가 단순한 관계가 아니기 때문이다.
주인공 피노키오를 보자. 피해자 피노키오는 처음부터 피해자가 아니라 제페토
할아버지를 속이고 놀러 갔기 때문에 나쁜 사람들에게 당해서 피해자가 된 것이

다. 여기서 또 다른 피해자는 제페토 할아버지다. 할아버지는 피노키오를 찾아 헤매다 바다에 빠져 고래 뱃속에 들어가게 된다. 자신의 잘못으로 인해 사랑하는 할아버지가 피해자가 된 것을 안 피노키오는 진심으로 자신의 잘못을 뉘우치게 된다. 이처럼 자신도 모르는 사이 피해자가 되고 또 그로 인해 다른 누군가에게 가해자가 되는 구조는 아이들로 하여금 그 관계에 대해 보다 깊이 생각하게 하고 훨씬 더 성숙하게 해 준다.

사실 발달장애아들에게 가해와 피해에 대한 역할 인식을 심어 주는 작업은 쉽지 않다. 왜냐하면 앞의 두 역할관계에 비해 이것은 그들이 실제 삶 속에서 부딪치는 관계들로 확대되어야 하기 때문이다. 그러나 이 관계는 외부에 대해 적절한 반응조차 하지 않는 아이들이 실제로 자신이 피해를 입었을 경우 당당히 자신의 요구를 할 수 있는 정도가 되기 위해 꼭 알아야 하는 것이기도 하다. 이 단계에서 아이들은 또한 관계가 서로 유기적으로 작용하기도 한다는 것을 이해하게 된다.

그렇기 때문에 다른 역할도 그렇지만 특히 가해와 피해의 역할 연기는 〈피노키오〉와 같은 옛날이야기 또는 동화를 활용한 다음 아이들이 직접 부딪치는 현실을 극화하는 것이 바람직하다. 적절한 반응을 보이지 않는다고 해서 그 아이가 가해와 피해 관계에 놓이지 않을 것으로 생각해서는 안 된다. 오히려 더 많은 피해의식이 있기 때문에 그 관계에 대하여 반응을 보이지 못하는 것일 수도 있다. 그만큼 가해와 피해는 거의 모든 관계에서 나타날 수 있는 상황인 것이다.

여기서 중요한 것은 정당하게 맞설 수 있도록 하기 위해서는 가해와 피해 둘 중, 피해 쪽으로 지나치게 치우쳐서는 안 된다는 점이다. 누구나 상황에 따라 피해자가 될 수도 있고 또한 가해자가 될 수도 있다는 것을 부각시킬 때, 아이들은 관계의 유기성도 받아들일 수 있게 되고 또한 보다 성숙한 사회의 일원으로 성장할 수 있게 되는 것이다.

역할 인식을 위한 **방법 하나** [신문지 인형놀이]

신문지 인형놀이는 아이 어른 할 것 없이 거의 모든 대상자들에게 효과적인 방법이다. 인지
능력이 좋은 아이들뿐만 아니라 앞에서 예로 든 영민이처럼 심한 자폐 성향의 아이들에게도 탁
월한 효과를 보인다. 신문지로 인형을 만드는 방법은 여러 가지가 있다. 사람 윤곽으로 신문지를
오리기, 신문지를 둘둘 말아 4개의 몽둥이 모양을 만들어서 손발로 몸통과 연결하고 머리를 붙
이기 등등. 가장 좋은 방법은 다음과 같이 다양한 목적을 수행할 수 있게끔 과정 중심적으로 만
드는 것이다.

114

우선 다 같이 신문지를 세로로 길게 찢고 나서 다시 눈송이처럼 잘게 찢는다. 이것은 손놀림을 위한 것이기도 하고, 촉감 사용을 위한 것이기도 하며, 정서적 완화를 돕기 위한 것이기도 하다. 실제로 이 작업에서 대부분의 사람들은 편안함을 느끼게 되며 매우 즐거워한다. 잘게 찢은 조각들을 가지고 마치 눈장난을 하듯이 서로 뿌려 주기도 하고 뭉쳐서 눈싸움을 하기도 한다. 그러고 나서 그것들을 뭉쳐서 공 모양도 만들고 몸통, 다리, 팔 등으로 만들어서 서로 연결한다. 이렇게 되면 손발을 움직일 수 있는 인형이 탄생하는 것이다. 얼굴 모양도 만들어 주고 기타 필요한 소품들을 갖추면 훌륭한 인물의 인형이 된다. 가능하면 큰 인형으로 만드는 것이 발달장애아들에게 역할을 인지시키기에 유용하다. 거대함에 압도되어 실제 인물처럼 느낄 수 있게 되기 때문이다. 이처럼 인형을 활용하면 자연스럽게 투사 활동을 하게 되고 이를 통해 역할 입기까지 수월하게 연결된다.

{ 인형을 사용하여
극화장면을 보여 주는 것은
이야기 이해에 도움이 된다.

Chapter 06

이야기의
힘, 하나

옛날이야기의
힘

"어린이는 이성의 힘으로 무의식을 이해하고 여기에 대처하는 능력을 발달시키는 것이 아니다. 어린이는 백일몽 속에서 천천히 무의식과 친숙해지면서 그런 능력을 얻게 된다. 이야기 속에서 자신의 무의식적 억압과 부합되는 요소들을 만나면, 그것들을 되새겨 보고 이리저리 맞추어 보고 공상하다가 자연스럽게 그런 억압과 친숙하게 된다. 이 환상으로 무의식적 억압에 대처하게 된다. 옛날이야기의 소중한 가치가 바로 여기에 있다."

– Bruno Bettelheim, 『옛이야기의 매력 1』(김옥순 · 주옥 공역, 시공주니어, 1998), 18쪽.

한 남자아이가 달린다. 겉으로 보기에는 평범해 보이는데, 막상 다른 사람들과 함께 섞이면 이상한 행동들이 돋보여서 사람들이 외면하는 그런 아이가 달리고 있다. 오직 어머니만이 그 아이를 세상 속에서 살게 하려고 이런 저런 시도를 다 해 본다. 그래서 찾은 것이 달리기다. 왜냐하면 달리자고 할 때만 아이는 스스로 움직이니까. 사람들은 아이가 무슨 생각을 하는지 도무지 알 길이 없다. 그런데 아이는 달리면서 손을 내밀고 무언가를 느낀다. 아니 느끼는 것처럼 보인다. 마치 바람과 하나가 되는 듯한 그 몸짓에 사람들은 뭔지 모를 진한 감동을 받는다.

이것은 많은 사람들을 가슴 뭉클하게 했던 영화 〈말아톤〉의 한 장면인데, 그 것은 바로 다음과 같은 그 아이의 마음속 이야기처럼 보였다. '내가 왜 달리냐 고? 바로 이것 때문이야. 바람. 눈을 감고 느껴 봐. 바람이 나를 감싸고 있어. 아 주 부드럽게. 그러면 나는 더 이상 내가 아니야. 난 자유야. 원하는 곳에 마음대 로 갈 수도 있고, 만지고 싶은 것을 마음껏 만질 수도 있어. 내가 느껴져? 이게 바로 내가 원하는 행복이야. 그래서 나는 달리는 거야.'

이 세상의 모든 것에는 이야기가 들어 있다. 아니, 보다 정확히 말하면 우리 는 눈에 보이는 모든 것을 가지고 이야기를 만들어 낼 수 있다. 그래서 누구에게 나 자신만의 소중한 길이 생기고, 의미 있는 물건이나 추억도 간직할 수 있게 되 는 것이다. 우리에게 이야기는 거의 본능과도 같다. 그리고 어떤 것이든지 이야 기로 탈바꿈할 때 비로소 의미가 담긴다.

이미 연극이 치료로 기능하는 속성에서 말했듯이 이야기는 연극치료에서 매 우 중요한 요소다. 좀 더 과장해서 말한다면, 이야기는 연극치료의 모든 것이라 고 할 수 있다. 연극 자체가 이야기라는 것을 생각해 보면 이는 어쩌면 당연한 것일지도 모른다. 이야기는 연극치료에서 하나의 중요한 프로그램이자 매개체 이기도 하며, 또한 치료 과정 자체가 하나의 이야기로 구성되어 있기도 하다. 다 시 말해서 치료사와 대상자가 만나서 서로 친해지고 마음을 열고 주고받는 가운 데 회복을 경험하고 헤어지는 과정 전체가 하나의 이야기를 만드는 흐름이라는 말이다. 이제 이야기가 연극치료에서 구체적으로 어떻게 토대를 이루는지 알아 보기로 하자.

이야기에는 사람과 사건이 있다

이야기는 구조다.
구조화는 행동에 대해 거리 두기를 하게 한다.

우리는 말하거나 글을 쓸 때 가급적이면 육하원칙에 의거하라고 배운다. 즉, '누가, 언제, 어디서, 무엇을, 어떻게, 왜' 라는 틀에 맞추라는 것이다. 그리고 사실 이러한 구조로 말하거나 글을 쓰면 전달하고자 하는 내용이 가장 명확하게 전달된다. 여기서 '누가' 는 사람이고, '언제, 어디서, 무엇을, 어떻게, 왜' 는 사건을 이루는 구체적인 부분들이다. 이렇게 볼 때 육하원칙, 즉 이야기에는 사람과 사건이 들어 있다고 할 수 있으며, 사람과 사건은 한마디로 '행동', 즉 우리가 살아가는 모습 자체를 뜻한다.

앞에서도 말했듯이 발달장애아들은 그 정도가 심할 경우 이야기를 주고받는 것조차 매우 어렵다. 그래서 이야기를 활용한 작업은 진행하기 힘들다는 선입견을 갖게 되고, 이로 인해 발달장애아들에게 있어 이와 관련된 활동은 자주 배제되는 경향이 있다. 하지만 이야기는 우리의 본능인 만큼 이야기에 대한 이해 또는 변형은 행동, 즉 우리의 삶을 이해하는 데 효과적이다. 대부분의 사람들에게 있어 이야기는 훈련을 통해 학습되는 것이 아니라 자연스럽게 표출되는 본능이라고 할 수 있다. 하지만 일부 발달장애아들에게는 이야기가 단계별로 반복 체험되어 체득해야 하는 것이며, 다음과 같은 순서로 이루어지는 것이 바람직하다.

❶ 이야기를 주의 깊게 듣도록 하기
❷ 이야기 내용에 관한 질문에 짧게 답할 수 있도록 하기

❸ 이야기를 그대로 연결하여 말할 수 있도록 하기(이야기 릴레이)

❹ 이야기를 미리 연상할 수 있도록 하기

❺ 이야기를 변형할 수 있도록 하기

❻ 새로운 이야기를 마음대로 만들 수 있도록 하기

자폐가 아주 심한 경우 혹은 이야기 자체를 이유 없이 거부하는 경우를 제외하면 대부분의 아이들은 아주 쉽게 이야기 듣기에 빨려든다. 물론 이를 위해서 치료사는 여러 방안을 모색하고 가장 좋은 전달 방법을 찾아 실행하지만, 이야기에 무심한 아이들에게 이야기를 주의 깊게 듣도록 하기 위해서는 다른 어떤 대화술이나 소품의 사용보다도 우선 좋은 내용의 이야기가 선택되어야 한다. 전혀 이야기를 듣지 않는 아이들로 하여금 이야기를 들을 수 있도록 하기에 적합한 내용은 뭔가 다른 특징이 있다. 그것은 바로 아이들의 감정을 자극하는 내용이 들어 있는 이야기다. 이에 관해서는 잠시 뒤에 다시 살펴보기로 하고 이야기 습득 과정을 좀 더 알아보자.

첫 단계, 이야기를 주의 깊게 듣는다는 것은 몰입을 의미한다. 즉, 감정이입의 단계. 아이들은 이야기를 들으면서 자신도 모르는 사이 거기에 등장하는 인물들과 동일시하게 된다. 따라서 치료사는 인물에 대해 가능한 한 실감나게 상상할 수 있도록 도와주어야 한다. 이를 통해 아이들은 이야기를 마치 진짜 현실에서 벌어진 것처럼 생생하게 느끼면서 반응한다.

그다음으로, 이야기에 관해 질문하고 짤막하게 답을 하는 단계부터는 거리 두기가 시작된다. 질문과 답변은 생생하게 들은 이야기를 다시 되돌아보게 하고, 이 과정에서 아이들은 방금 전까지 마치 자신의 일처럼 몰입했던 내용과 감정을 정리하며 허구의 이야기와 실제 자신을 분리할 수 있게 되는 것이다. 이와 같은 분리, 즉 거리 두기는 객관성을 취하게 해서 그것이 옳고 그른지, 좋은지 나쁜지, 적절한지 아닌지 등을 판단할 수 있도록 해 준다. 이야기에 대한 인식과 구조화는 여기에서부터 형성되는 것이다.

세 번째로, 이야기 릴레이는 습득한 이야기를 전체적으로 파악하고 있는지 점검할 수 있게 한다. 이야기를 앞사람에 이어서 연결되는 내용으로 말로 표현할 수 있는 정도가 되면 이것은 이미 장애의 수준을 어느 정도 극복한 것이라고 할 수 있으며, 무엇보다 인지 능력이 눈에 띄게 좋아졌다고 볼 수 있다. 발달장애아들에게 있어 아주 뛰어난 경우를 제외하고는 이 단계에 도달하기까지 정말 많은 시간이 걸린다. 하지만 언어 발화에 결정적인 문제가 없는 한 아이들은 빠르고 느린 차이는 있어도 이야기를 이어받을 수 있는 단계에 분명히 다다를 수 있다.

이 단계가 되면 앞질러 이야기를 연상한다거나 변형할 수 있는 것은 물론이고, 완전히 새로운 이야기도 자유자재로 꾸밀 수 있게 된다. 이야기 릴레이, 연상과 변형은 이야기 구조를 완벽하게 인식했기 때문에 가능한 것이다. 이야기를 구조화할 수 있다는 것은 다시 말해 그 안에 있는 사람과 벌어지는 사건에 대해 객관적으로 파악할 수 있다는 것으로, 더 나아가 그 이야기와 자신의 삶을 비교·유추할 수 있다는 의미이기도 하다. 자신을 돌아볼 수 있다는 것은 치유와 회복의 출발선상에 있는 중요한 계기가 된다. 이렇게 볼 때 이야기에 대한 이해는 치유 작업에서 반드시 선행되어야 하는 일이다.

이야기는 진단 평가의 기준이 된다

이야기 구조 속에는 관계와 감정이 들어 있다. 이는 곧 갈등이며, 여기서 우리는 은연중에 자신의 문제를 드러낸다.

사실 이야기를 진단 평가 도구로 활용하는 일은 의사소통이 어려운 발달장애 아에게는 쉽지 않은 작업이다. 하지만 진단 평가라고 하는 것이 반드시 치료 과정의 맨 처음에 국한되지 않고 중간 점검에서도 당연히 중요한 만큼, 발달장애 아들 역시 어느 수준에 이르게 되면 이야기를 통한 평가가 매우 유용하게 쓰인다. 연극치료에서 진단 평가 도구에 관한 연구는 연극치료가 국가적으로 인정받은 영국이나 미국 등에서 활발하게 진행되고 있으며, 이 가운데 널리 알려진 것이 스토리 메이킹을 통한 평가인데, 여기에는 물리 라하드(Mooli Lahad), 알리다 저시(Alida Gersie), 앤 캐터닉(An Cattanach) 등의 기법이 있다.

알리다 저시의 이야기 구조를 통한 평가 도구를 살펴보면, 그 구조가 연극의 구성 요소와 일치함을 알 수 있다.

이야기 구조	❶ 배경	❷ 인물	❸ 거주지	❹ 장애물	❺ 조력자	❻ 결말
연극의 구성 요소	시간	등장인물	공간	갈등(긴장)	해결	결말

이처럼 이야기가 진단 평가 도구로 기능하는 것은 그것이 사람과 사건으로 되어 있으며, 이는 바로 우리가 사는 삶의 모습이기 때문이다. 따라서 그 구조가 삶의 재현인 연극의 구성요소와 일치하는 것은 당연하다고 할 수 있다.

또한 앤 캐터닉의 방패 이야기 기법은 치료사가 6가지 질문을 하고 대상자는 거기에 대한 답을 칸마다 그림으로 답하는 것인데, 지금까지 살면서 가장 좋았던 일, 가장 나빴던 일, 가족, 친구와의 관계 점검, 자신의 삶과 죽음을 돌아보게 하는 질문 등으로 이루어져 있다. 이를 각 대상에 따라 적합한 방법으로 다양하게 변형하는 것도 바람직하다. 간단한 예로 좋아하는 물건, 싫어하는 사람, 하고 싶은 일 등 단순화하여 묻는 것 또한 그 사람을 진단하고 파악하는 데 많이 도움이 된다. 왜냐하면 어떤 것이든지 이야기 구조를 취하게 되면 그 안에 관계와 감정이 담기게 되기 때문이다. 그것이 곧 갈등이며, 누구나 은연중에 그 속에서 자신의 문제를 드러내게 된다. 따라서 이야기는 진단 평가의 기준이 될 수 있는 탁월한 도구라고 할 수 있다. 그런데 도구로 사용하는 이야기 내용이 반드시 자신의 실제 이야기일 필요는 없다. 특히 자신이 노출되는 것을 꺼려하는 대상자들의 경우, 잘 알려져 있는 동화나 신화 같은 이야기 속에서 더 많은 요소를 끌어내는 것이 바람직하다.

아이들이 좋아하는 이야기 예 1

복숭아 소년

노인과 아이가 등장하는 이야기가
아이들에게 주는 가장 큰 감정은 연민과 공포다.

옛날 옛날 어느 마을에 할머니랑 할아버지가 살고 있었어. 할아버지랑 할머니는 아주 착하시고 일도 열심히 하셨거든. 할아버지가 산에 나무 하러 가시면 할머니는 집안일을 하면서 할아버지를 기다리곤 했단다. 두 분은 정말 행복했어. 그런데 한 가지 걱정이 있었지. 두 분에게는 아이가 없었거든. 할머니는 매일 밤 달님에게 빌었어. "우리에게 예쁜 아이 하나만 주세요, 달님." 그러던 어느 날 할머니가 냇가에서 빨래를 하는데 저 위에서 커다란 복숭아가 하나 떠내려 오는 거야. 할머니는 그것이 먹음직스러워 보여서 개울 깊은 곳까지 들어가 그 복숭아를 건져 올렸단다. 그러고는 생각했어. 이따 할아버지가 산에서 돌아오시면 둘이서 이 복숭아를 나누어 먹어야지 하고 말이야. 집에 온 할아버지랑 할머니는 복숭아를 먹으려고 반으로 갈랐어. 그랬더니 이게 웬일이야, 그 속에서 조그만 남자아이가 나온 거야. 할머니는 달님이 기도를 들어주셨다고 너무 기뻐하면서 그 아이를 '복숭아 소년'이라고 불렀단다. 세 사람은 너무 행복했어. 복숭아 소년은 쑥쑥 자라서 할아버지를 도와 산에 나무 하러 갔어. 그런데 아주 큰 나무가 보이는 거야. 그래서 저걸 뽑아 가면 할아버지가 좋아하실 거야 하고 생각하고는 그냥 쑤욱 뽑아서 가지고 왔어. 할아버지랑 할머니는 깜짝 놀랐어. 그건 도저히 사람이 혼자 들 수 없을 만큼 큰 나무였거든. 복숭아 소년은 힘이 장사였던 거지. 소문을 들은 마을 원님이 소년을 불렀어. 도깨비 섬에 있는 도깨비들을 물리쳐 달라고 말이야. 소년은 할머니가 만들어 준 팥떡을 가지고 용감하게 길을 떠났어. 가다가 개를 만났는데 개가 보따리에 든 게 뭐냐고 묻는 거야. 이건 할머니가 만들어 주신 세상에서 가장 맛있는 팥떡이라고 대답하니까, 개가 그걸 주면 자기도 함께 가겠다는 거야. 그래서 개에게 팥떡을 주고 둘이 함께 다시 길을 떠났어. 그다음에는 원숭이를 만났어. 원숭이도 똑같이 물어서 함께 동행하기로 했고, 마지막으로 꿩을 만나서 꿩도 함께 길을 떠나게 되었어. 세 명의 친구를 얻은 복숭아 소년은 그들의 도움을 받아 도깨비들을 물리치고 보물을 다 갖고 와서 할아버지랑 할머니랑 행복하게 살았단다.

시끄럽게 떠들면서 장난치던 아이들, 주위에는 전혀 아랑곳없이 무심하게 자기 혼자 멍하니 있는 아이들, 이들 옆에서 이야기를 시작하면 어느새 아이들은 조용해지고 하나 둘씩 이야기하는 주변에 모여든다. 이처럼 아이들을 끌어들이는 것은 이야기를 전하는 방식에 따라 좌우되기도 하지만 그보다는 내용 자체가 가지고 있는 힘 때문이라고 할 수 있다. 그런데 많은 경우, 재미있거나 모험이 가득한 것보다도 오히려 연민의 감정을 불러일으키는 이야기가 더 아이들을 사로잡는 것을 보게 된다. 〈복숭아 소년〉 이야기가 그 좋은 예다. 이 이야기는 어린 시절 할머니 무릎을 베고 누워 듣던 수많은 옛날이야기 가운데 아직도 기억에 남아 있는 것 중의 하나다. 이 이야기를 아이들과의 작업에서 들려주었을 때, 그 아이들 역시 어린 시절의 나처럼 몰입하며 이야기 속으로 푹 빠져드는 것을 보았다. 어린 나 그리고 아이들이 똑같이 이야기에 심취하게 된 것은 그 속에 어린 아이들을 매혹시키는 무엇인가가 있기 때문이다.

그 이야기에 처음 등장하는 인물은 할아버지와 할머니다. 나이 든 할머니, 할아버지는 아이들이 보기에도 부축해야 하고 보살펴 드려야만 하는 사람들이다. 그런 데다가 아이도 없이 살아온 노부부라니, 더더욱 측은한 생각이 든다. 할머니가 매일 밤 달님에게 아이를 달라고 빌 때, 아이들은 할머니와 함께 빌고 싶은 간절한 마음이 들면서 연민의 감정을 갖게 된다. 아이들이 이야기에 집중하기 시작할 때는 바로 이 순간, 연민을 느끼면서부터다.

연민은 듣는 사람으로 하여금 감정이입을 쉽게 해 주면서 몰입하도록 한다. 그러면서도 무엇인지 모를 편안함을 느끼고 이야기 속에서 연민을 불러일으키는 대상 인물에 대해 전적으로 신뢰를 하게 해 준다. 그래서 그 사람이 불행해질까 봐 두려워하고, 따라서 그를 위해서는 무엇이든지 할 수 있는 용기를 가지게끔 한다. 그렇기 때문에 그 불쌍한 인물을 도와주는 어린 영웅이 등장하게 되면 아이들은 자신이 마치 그 인물인 것처럼 의기양양해지고, 그가 보여 주는 영웅적인 행동은 지극히 당연한 것으로 여기게 되는 것이다.

이처럼 연민-공포-용기-기쁨이라는 감정의 변화는 아이들을 사로잡는 대부분의 이야기에 공통되는 흐름이다. 〈피노키오〉 〈개구리 왕자〉 〈왕자와 거지〉 〈신데렐라〉 〈백설공주〉 〈엄지공주〉 〈인어공주〉 등 많은 옛날이야기를 통해 아이들은 바로 이처럼 이 인물 또는 저 인물과 동일시하면서 방금 언급한 변화무쌍한 감정들을 경험하게 되는 것이다. 그런데 이것은 아리스토텔레스가 말한 '카타르시스'와도 일치한다.

일찍이 그는 『시학』에서 카타르시스를 '연민과 공포의 감정을 통한 순화 또는 정화'라고 정의하였는데, 이는 다시 말해 우리의 마음이 정화되기 위해 필요한 감정 체험은 기쁨, 슬픔, 분노라기보다 연민과 공포라는 의미로 해석할 수 있다. 이렇게 볼 때 아이들이 이야기에 집중하게 되는 이유는 연민과 공포의 감정을 통해 모르는 사이 카타르시스를 체험했기 때문이라고 할 수 있다. 다시금 강조하지만 아이들을 끌어들이는 이야기의 매력은 즐거움, 흥미진진함, 슬픔, 분노, 격렬함 등이 아니라, 연민과 공포를 통한 마음의 순화, 즉 편안한 안정인 것이다. 얼핏 생각하기에 아이들이 좋아하는 이야기는 그것이 즐겁고 재미있기 때문인 것처럼 보이지만, 이는 결과물이며 그보다 먼저 감정의 순화를 경험하게 하는 인물과 내용이 아이들을 사로잡는 매력인 것이다.

아이들이 좋아하는 이야기 예 2

재크와 콩나무

이야기 속의 어머니라는 존재는 영원한 보금자리이자 용기의 원천으로, 모험할 수 있는 꿈과 희망을 준다.

재크는 말썽꾸러기 사내아이다. 하루 종일 밖에서만 놀고 집안일은 나 몰라라 하던 재크는 어머니가 마지막 남은 소를 팔아서 그 돈으로 먹을거리를 사오라는 심부름을 시키자, 이번만은 엄마 말을 잘 듣겠다고 결심하며 길을 나선다. 하지만 마법의 콩이라는 말에 솔깃하여 소와 콩 몇 알을 바꿔 가지고 의기양양하게 집에 돌아오지만 어머니의 심한 꾸지람만 듣는다. 다음 날 아침, 잠에서 깬 재크는 하늘까지 닿은 콩나무를 보고는 어머니 몰래 하늘나라에 올라간다. 하늘

나라 거인의 성에는 잡혀 온 공주가 있었고, 꾀 많은 재크는 두 차례 올라가서
보물도 얻고 공주도 구하고 마침내 거인도 죽여서 모든 것을 얻게 된다.

　재크의 이야기에는 우리가 원하는 모든 꿈이 들어 있고 또한 모든 꿈들이 다
이루어진다. 그런데 한번 생각해 보자. 만약 재크의 이야기에서 어머니라는 존
재가 없었다면? 그랬다면 재크는 콩나무를 타고 올라갔을까? 올라갔다고 치자.
그랬다면 돌아왔을까?
　사실 이 이야기에서 어머니는 초반부와 마지막 부분에만 등장해서 자칫하면
소홀히 생각하기 쉬운 인물이다. 하지만 방금 물었듯이 재크에게 어머니가 없었
다면 이 이야기는 더 이상 진행되지 않았을 것이다. 아니, 이 이야기 자체가 생
기지 않았을 것이다. 왜냐하면 재크로 하여금 달라져야겠다고 마음먹게 한 사람
은 바로 어머니이니까. 재크가 하늘나라에 가서 좋은 것을 가져와야겠다고 결심
하게 된 것도 사실 어머니를 위해서니까. 다시 말해서 어머니란 존재는 재크의
모든 행동의 근원인 것이다.
　어머니는 아이에게 있어 영원한 보금자리다. 갓난아기 때만큼 절대적인 존재
는 아닐지 몰라도, 아무튼 어머니는 우리가 집을 떠나 바깥 세상에서 살아갈 때
에도 모든 행동의 원천이 된다. 재크가 동네 말썽꾸러기로 온갖 장난을 다 할 수
있었던 것도 사실은 그 뒤에 어머니라는 존재가 든든히 버티고 있었기 때문이
다. 이처럼 어머니는 누구에게나 용기의 원천이다. 어머니가 있기 때문에, 어머
니의 믿음이 뒤를 받쳐 주기 때문에 우리는 힘들고 어려운 일을 헤쳐 나갈 수
있는 용기를 품을 수 있다. 우리에게 모험할 수 있는 꿈과 희망을 주는 존재는
바로 우리 생명의 근원인 어머니인 것이다.
　이런 어머니가 슬픔에 빠지는 것만큼 아이의 마음을 아프게 하는 것은 없다.

여러 물체들을 활용하여
재크가 타고 올라가는 통나무를 꾸민 뒤
직접 활동하는 것은 아이들의 창의력을 자극한다.

그것은 겉보기에는 어머니의 슬픔이 아이에게 전달된 것이라고 할 수 있지만, 그보다는 아이가 어머니에 대해 연민의 마음을 갖게 된 것으로 보는 편이 더 정확하다. 연민이 있는 그대로의 감정으로 끝나면 이야기는 재미없다. 그 감정으로 인해 주인공이 뭔지 모르게 달라져서 행동으로 그 슬픔을 보상해 줄 때, 우리의 기대는 비로소 충족된다.

자기보다 큰 어른에게 연민을 느낀다는 것은 그만큼 아이가 성장했다는 의미다. 따라서 재크가 겪게 되는 이후 모험담은 당연한 결과이며, 우리는 함께 그 모험을 생생하게 체험하며 대리만족을 하게 되는 것이다. 이렇게 볼 때 앞에서 말한 〈복숭아 소년〉의 할아버지, 할머니는 어머니의 확대 개념이라고 할 수 있다. 어머니가 없는 복숭아 소년에게 할아버지, 할머니는 부모와도 같은 존재이며, 따라서 그의 영웅다운 행동은 할아버지, 할머니를 기쁘게 해 드리고자 하는 연민으로부터 비롯된 용기의 산물인 것이다.

〈재크와 콩나무〉는 짧은 성장 동화다. 처음에는 어머니에 대한 연민과 자각으로 출발했지만, 하늘나라를 두 번 올라갔다 오면서 크고 작은 시련을 겪고 난 재크는 어느새 어머니는 물론 새로운 연인인 공주까지도 책임질 수 있을 만큼 당당한 어른이 된 것이다. 아이들이 재크의 이야기를 좋아하는 이유는 세상에서 가장 사랑하는 사람, 즉 어머니와 공주를 위해 어려움을 극복하고 모든 꿈을 이루는 이야기의 극적 구조 속에 성장과 함께 변화하는 감정의 흐름이 들어 있기 때문이다.

하나, 할머니의 어법

우리에게는 누구나 어린 시절 어머니 또는 할머니의 이야기를 들으며 꿈나라로 갔던 추억이 있다. 그때 그 이야기는 이야기라기보다는 한 편의 자장가처럼 들렸다. 현실과 꿈을 오락가락하며 듣던 그 이야기의 달콤했던 기억은 지금도 생생하다. 그래서일까, 그 시절 들었던 이야기를 생각만 해도 우리는 상상의 나래를 펴고 행복해진다.

만약 그때 어머니나 할머니가 실감나게 읽는다며 구연동화 식으로 이야기했다면 과연 우리는 편안한 잠을 잘 수 있었을까. 아마 아닐 것이다. 졸리던 눈이 반짝 떠져서 이야기 듣느라 밤을 샐 수도 있었을 것이다. 그렇다면 어머니나 할머니의 단조로운 목소리는 단순히 우리를 재우는 자장가 역할만 했을까? 그렇지 않다. 그 단조로움 속에서 우리는 인물들을 창조해 내고는, 꿈속에서 그 주인공이 되어 마음껏 그 이야기를 탐험하곤 하였다. 그것은 편안함이 주는 상상력의 결과물이었다.

대화를 실감나게 한다는 것은 이야기해 주는 사람이 생각한 인물들이 직접적으로 전달된다는 의미다. 따라서 그보다는 오히려 아무런 감정 없이 단조롭게 이야기를 들려줄 때 우리가 상상하는 세계는 방해받지 않고 마음껏 펼쳐지게 된다. 억양의 진폭이 없이 단조롭게 진행되는 할머니 식 어법이 아이들을 더 쉽게 집중시키는 것도 바로 이런 이유 때문이다.

이야기를 듣기 위해 모인 아이들이 지나치게 산만할 경우, 우리는 자꾸 다양한 물건을 사용하여 아이들을 모으려고 한다. 그러나 그것은 일시적인 방편일 뿐, 곧 흥미를 잃은 아이들은 다시 흩어진다. 왜냐하면 지나치게 많은 장식 또는 완성된 물체는 아이들의 상상력을 자극하기에는 너무 완벽하기 때문이다. 일체의 매개물 없이 아이들을 집중시킨다면 매우 좋겠지만, 그렇지 않은 경우 또는 매개물을 쓰는 것이 더 효과적일 경우 가급적이면 단순 매개물을 활용하는 것이 바람직하다.

예를 들어 종이컵을 보자. 종이컵은 무엇이든지 대신할 수 있다. 사람도 될 수 있고, 자동차, 나무, 집, 호랑이 등 이 세상에 존재하는 모든 것을 대신할 수 있는 것이다. 종이컵을 사용할 경우 우리는 같은 모양의 컵을 보면서 그것이 의미하는 온갖 종류의 것들을 마음껏 상상할 수 있다. 내가 생각하는 대로 예쁜 사람일 수도 있는가 하면, 다른 사람이 생각하는 대로 건장한 사람일 수도 있다. 이처럼 각자의 상상에 맡겨질 때 우리의 상상력은 더욱 무한하게 힘을 발휘할 수 있다.

좀 더 단순한 매개물의 예로 테이프를 보자. 이야기를 시작할 때 색 테이프를 가지고 바닥에 아주 단순하게 선을 만들어 가면서 공간을 설명한다. 바닥에 생기는 것은 직선, 곡선, 구불구불한 선 모양에 불과하지만 아이들은 그것을 따라오면서 산에 올라갔다 오고, 바다에 가서 배도 타 보는 등 자유롭게 공간과 인물들을 상상하게 된다. 구체적인 형상을 가장 단순한 것으로 대신할 때, 우리의 상상력은 더욱 자극받는 것이다.

{ 테이프를 활용하여
공간과 사건을 따라가며 이야기하는
방식은 단순하면서도
아이들의 상상력을 자극한다.

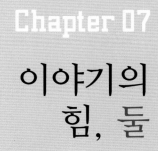

Chapter 07

이야기의
힘, 둘

"거기 사는 사람들 말야! 생각 좀 해 봐, 잠을 안 잔다구!"

"그건 대체 왜 그런데?"

"피곤해지지 않아서지."

"그건 대체 왜 그런데?"

"바보들이니까 그렇지."

"그러면 바보들은 피곤해지지 않는 거야?"

"바보들이 어떻게 피곤해질 수 있겠어!"

– Franz Kafka, 『국도 위의 아이들』 중에서

만약 앞에 인용한 대화를 어른이 들었다면 어떻게 반응할까? 아마 큰 소리로 웃든지 아니면 정말 바보 같은 소리라고 무시했을 것이다. 그렇다면 만약 이 대화를 아이들이 들었다면? 아마도 고개를 끄덕이며 속으로 '아, 바보들은 피곤해지지 않는 사람들이구나.' 하든지, 더 나아가 '참 좋겠다, 바보들은. 피곤하지 않으면 맘껏 놀 수 있잖아.' 하고 생각할 것이다.

이처럼 어른과 아이가 보이는 반응은 매우 다르다. 그리고 그 차이는 물론 말할 것도 없이 세상을 살아온 경험의 폭에서 나온다. 그런가 하면 어떤 사실을 받아들이는 방식에서도 분명히 드러난다. 아이들은 대체로 누군가 하는 말을 곧이

곧대로 믿는 반면, 어른은 자신의 생각이라는 프리즘을 통과하여 그 말을 판단하고 수용한다.

그렇다면 발달장애아들은 어떨까? 인지 능력이 비교적 좋은 아이들이라면 보통 아이들처럼 받아들이겠지만, 그 외에는 아주 다양한 반응을 보여 줄 것이다. 어떤 아이들은 '잠을 안 잔다구!' '왜 그런데?' 등으로 앞사람이 한 말을 따라할 것이고, 어떤 아이들은 '기차 그릴래. 기차 그릴래.' 처럼 오로지 그 순간 자기가 생각하는 것을 말할 것이다. 또 어떤 아이들은 전혀 반응을 보이지 않을 것이다.

대화가 가능하다는 것은 상대방의 말을 올바르게 이해하였다는 것을 뜻하며, 그것은 곧 관계 맺음을 의미한다. 그렇기 때문에 많은 발달장애아의 어머니들은 아이들로 하여금 대화가 가능하도록 교육시키기에 힘쓴다. 이를 위해 연극이 얼마나 도움이 되는지 새삼스럽게 강조할 필요는 없다. 하지만 연극의 어떤 과정을 거치면서 아이들의 이해력과 언어 능력 그리고 대화를 통한 관계 형성이 가능해지는지 일반적인 발달 단계와 관련하여 다시 한 번 새롭게 짚어 보고자 한다.

제일 먼저 언어 이전에 모방의 움직임이 있다. 가장 좋은 예로 앞에서 모방의 중요함을 강조할 때 언급하였듯이, 돌이 채 안 된 아기가 어른이 하는 대로 따라하는 잼잼, 도리도리, 짝짜꿍과 같은 동작이 있다. 이는 '누군가를 보고 따라하게 되었다.' 는 점에서 일단 상대방과 최소한의 의사소통을 할 수 있게 되었다는 의미로 볼 수 있다. 그다음에는 말을 알아듣기 시작하는 만 한 살 이후의 행동으로 언어에 대한 반응으로서 움직임이 형성되는데, 가장 좋은 예가 심부름이다. '휴지를 쓰레기통에 갖다 넣어.' 라는 어머니의 말에 갓 돌이 지난 아이가 휴지를 쓰레기통에 버리면, 어머니는 아이가 이제 말귀를 알아듣는다고 생각한다.

그러고 나서 한 단어씩 또는 간단한 문장들을 수없이 반복 습득하면서 아이들의 언어 능력은 향상된다. 아이들의 동요나 동화 속에 같은 문장이 반복 사용되는 것은 바로 이와 같은 이유 때문이다.

이러한 단계가 일반적으로 아이들이 세 살 무렵까지 습득하게 되는 의사소통발달 단계라면, 발달장애아들의 경우 이와 유사한 순서대로 의사소통 능력 향상 작업을 천천히 진행하는 것이 바람직하다. 초보적인 사회성을 위한 의사소통을 하기 위해 연극치료에서 사용하는 방식을 간략하게 정리해 보면 다음과 같다.

> 행동에 따른 행동(모방) ― 말에 따른 움직임(동작 표현) ― 단어 따라하기 또는
> 움직이기(언어 표현) ― 문장 따라하기 또는 움직이기(언어 표현) ― 단순 질문에 단
> 순 답변하기(행동으로 대화하기) ― 여러 답이 가능한 질문에 대해 진지하게 생각
> 하고 답변하기(극화 활동)

그런데 이러한 과정 전반에 걸쳐 바탕이 되는 것은 다름 아닌 이야기다. 따라서 아이가 어떤 내용이든지 이야기를 들을 수 있게 되면 대화 및 관계 형성이라는 사회성 발달 단계에 접어들었다고 볼 수 있다. 여기서 이야기를 통한 아이들의 발달은 이야기 속 인물로부터 구체화되기 시작한다.

이야기 속 인물들은 전형이면서 동시에 개별적인 인물들이다

**인물의 전형은 명확한 개념을 형성시켜 주며,
개별성은 이해의 폭을 넓혀 준다.**

아이들을 위한 이야기 속 인물들은 한 번 착하면 영원히 착하고, 한 번 악당이면 끝까지 악당이다. 한 번 예쁘면 영원히 예쁘고, 한 번 용감하면 영원히 용감하다. 전형이란 쉽게 말해서 바로 이와 같은 것, 즉 이야기의 흐름 속에서 조금도 변하지 않고 하나의 모습만 보여 주는 것이다. 흥부 놀부가 그렇고, 콩쥐 팥쥐가 그러하다. 태어나기를 착하게 태어난 흥부는 단 한 번도 악한 모습을 보여 주지 않는다. 놀부 역시 이야기 어느 곳에서도 착한 모습을 보여 주지 않는다. 만약 그렇다면 그건 이미 놀부가 아니다.

아이들의 이야기는 거의 대부분 권선징악이라는 교훈적 주제를 가지고 있다. 이와 같은 내용은 아이들의 심성, 도덕성 발달에 필수적인 것이다. 그런데 브루노 베텔하임(Bruno Bettelheim)은 아이들을 위한 이야기의 이러한 특성에 대해 다음과 같이 말한다.

> 이런 이야기들은 선과 악 사이의 선택은 중요하지 않으며, 보잘것없는 인물도 인생에서 성공할 수 있다는 희망을 어린이들에게 심어 줌으로써 인성 발달을 돕는다. 자신이 너무나 하찮아서 아무 일도 못 해낼 거라고 두려워하는 어린이에게 착한 사람이 되겠다는 선택이 무슨 소용이 있겠는가? 이런 옛이야기의 주제는 도덕

성이 아니며, 누구나 성공할 수 있다는 확신이다. 어려움을 극복할 수 있다는 믿음

으로 사느냐, 아니면 패배를 예상하며 사느냐는 매우 중요한 문제다.

- Bruno Bettelheim, 『옛이야기의 매력 1』(김옥순 · 주옥 공역), 23쪽.

이렇게 볼 때 우리는 이야기를 단순히 선한 행동, 도덕성이 강한 아이로 키우기 위한 목적보다는 '악'으로 표상되는 무서운 대상에 대해 느끼는 두려움을 극복하여 건강하게 성장하도록 하기 위해 사용하는 편이 더 교육적이고 적합한 것임을 알게 된다. 여기에서 다시 한 번 강조하고 싶은 것은 바로 '두려움'이라는 감정이다. 이미 앞에서도 보았듯이 발달장애아를 포함하여 대부분의 문제를 지닌 아이들이 보여 주는 감정은 두려움이다. 따라서 두려움을 극복하며 건강하게 성장하도록 돕는 이야기의 활용은 아이들의 사회성 발달 및 치유 · 회복에 중요한 기능을 한다.

이제 인물의 전형성에 관해 알아보도록 하자. '전형'이란 모든 인간에게 내포되어 있는 수많은 속성 가운데 유독 하나만을 두드러지게 강조하는 개념이다. 그래서 우리는 흥부놀부 이야기에서 한없이 착한 흥부와 고약한 놀부의 모습을 보게 된다. 아이들이 이 이야기를 이해하는 데 있어 가장 손쉬운 방법은 먼저 전형적인 두 인물에 관해 확실하게 인식하는 것이다. 전형성을 강조하는 인물의 차별화는 인물에 대한 명확한 개념을 형성하는 데 도움이 되기 때문이다. 만약 놀부가 나쁜 사람이 아니라면 그가 벌을 받을 때 우리는 그것을 당연하게 여길 이유가 없어진다. 또한 흥부가 착한 사람이 아니라면 그가 제비 다리를 고쳐 주었다는 이유로 넘치는 복을 받을 때 함께 기뻐할 수 없는 것이다.

두 인물 사이에서 벌어지는 사건에 대해 자연스럽게 받아들일 수 있게 되는 것은 이처럼 두 인물의 다른 성격을 극대화하여 분명히 인식하였을 때 가능해진다.

그런데 인물의 전형성을 이해하는 데 가장 효과적인 것은 그 인물의 외면적으로 드러나는 모습, 즉 행동이다. 연극치료에서 이야기를 활용할 때 우리가 가장 먼저 관심을 두어야 하는 것 역시 움직임, 의상, 손짓 발짓, 말투 등이다. 전형은 이처럼 구체적으로 가시화하여 눈으로 볼 때 더욱 선명하게 인식되는 만큼, 이를 위해 뚜렷한 형상을 갖춘 인형과 같은 물체를 사용하는 것이 도움이 된다.

전형성을 통해 그 인물에 대한 확실한 개념을 형성하여 이야기 내용을 전반적으로 이해하는 것이 이야기 활용의 일차적 단계다. 그리고 아무리 심한 중증의 발달장애아라고 할지라도 여기까지는 누구나 다 도달한다고 볼 수 있다. 이렇게 되면 앞서 인용한 베텔하임의 말대로 아이들은 단순히 착하고 좋은 사람이 되어야겠다는 권선징악적 생각을 넘어서서, 연약한 흥부의 성장 이야기를 통해 두려움을 극복하여 용기 있는 사람이 되는 대리경험을 맛보게 되는 것이다.

사실 이것만으로도 의사소통 능력을 위한 이야기의 활용은 충분한 효과를 보았다고 할 수 있다. 하지만 시간이 오래 걸린다 해도 가급적이면 전형적 인물을 개별적인 인물로 이해하도록 하는 단계로 이끌어 가는 것이 바람직하다. 왜냐하면 현실을 사는 우리는 인간의 어떤 한 면만을 지니는 것이 아니라 대립적인 면을 동시에 지니고 있는 입체적 인물들이기 때문이다. 이러한 인식의 확장은 아이들로 하여금 인물의 성격을 다각도로 살펴보게 함으로써 이해의 폭을 넓혀 줄 뿐만 아니라 창의적인 사고를 기르도록 해 준다.

이 단계를 위해서는 가급적이면 기존의 틀에 박힌 이야기 구조에 대해 다른 각도로 생각할 수 있는 질문을 하는 것으로 시작하는 것이 좋다. 예를 들어 도대체 놀부는 왜 그렇게 못된 사람이 된 걸까? 만약 놀부가 흥부의 형이 아니라 동생이었다면? 혹시 부모님이 흥부만 예뻐한 것이 아닐까? 주변에서 너무 착하기만 한 사람을 본 적이 있나? 그렇다면 그 사람은 왜 그런 걸까? 만약 내가 놀부라면? 등등.

이처럼 전형적 인물에 대해 그 인물 자신뿐만 아니라 그와 나 또는 우리를 관련지어 생각해 보는 과정을 통해 우리는 비로소 이야기 속 인물을 전형이 아닌 개별적 존재로 인식하게 된다. 그 결과 사람 간의 관계에 대한 이해의 폭도 넓어지게 되고 나 자신과 다른 사람과의 관계를 돌아볼 수 있는 힘도 생긴다. 인물을 통한 이해 과정을 정리하면 다음과 같다.

❶ 인물의 전형 찾기
❷ 모방을 통해 전형적 인물에 대한 대립적 개념 형성하기
❸ 인물 간의 사건 이해하기
❹ 전형적 인물의 개별성 찾기
❺ 인물과 나 자신과의 유사성 생각해 보기
❻ 인물의 행동에 대해 폭넓게 이해하기
❼ 나 자신에게 적용해 보기

이야기는 우리로 하여금 세상을 바라보게 해 준다

이야기 속에는 인물을 통한 사건 외에도 시간과 공간이 있다. 그것은 곧 우리가 사는 세상의 축소판이다.

지금까지 이야기 또는 연극에 관해 말하면서 인물과 사건은 언제나 최우선으로 강조되었다. 사실 그것이 전부라고 해도 과언이 아닐 만큼 두 요소는 결정적인 역할을 한다. 하지만 이 외에도 이야기 속에는 시간, 공간과 같은 중요한 요소가 들어 있다. 시간과 공간은 우리가 사는 3차원의 세상을 이루는 구성 요소로서, 이에 관한 인식은 사회성 발달에 많은 도움이 된다.

　　시공간은 평소에 인식하지 못하는 것이면서도 우리와 함께 늘 존재하고 있다. 이에 대한 인식은 우리로 하여금 자신이 어떤 상황 또는 환경 속에 놓여 있는지 돌아보게 해 준다. 발달장애아의 공통되는 특성 가운데 하나는 바로 주변에 대해 무심하다는 것이다. 여기에서 주변이란 다른 사람들뿐만 아니라 환경까지도 포함한다. 자신을 에워싸고 있는 것이 어떤 것들인지 돌아볼 수 있게 되면 역으로 자신도 돌아볼 수 있는 힘이 생기며, 자신과 주변의 관계에 대해서도 생각해 볼 수 있게 된다. 시간과 공간에 대한 인식이 사회성 발달에 도움이 된다는 것은 바로 이런 의미에서다.

　　우선 공간에 대해 생각해 보자. 아이들 교육에 그림 동화책이 필수적으로 요구되는 것은 공간에 대한 인식의 중요성 때문으로 생각할 수 있다. 그래서 부모들은 보다 좋은 그림이 들어 있는 동화책을 찾으려고 애쓰는 것인지 모른다. 연극에서도 공간이 중요한 위치를 차지하는 것은 마찬가지다. 좋은 무대란 그 드라마가 지니고 있는 내용을 가장 효과적으로 전달하기 위한 것인 만큼, 공간은 공연의 성패를 좌우할 수 있을 정도로 중요한 요소다. 그것이 있는 그대로 꾸며진 무대이건 아니면 지극히 상징적인 요소들로 채워진 무대이건 간에 연극 무대 공간은 관객 나름대로 연극 전체에 대한 인상을 느낄 수 있도록 하기 위해 존재한다.

　　'옛날 어느 숲 속에 예쁜 집 한 채가 있었어요.' 이 말을 듣는 아이들은 이미 머릿속에서 숲 속과 예쁜 집을 그리기 시작한다. 이에 관한 어떤 정보도 제공되지 않은 상태에서 아이들이 상상한 무대는 저마다 다르다. 어떤 아이는 높은 산을, 어떤 아이는 언덕 위 하얀 집을, 또 다른 아이는 강물이 흐르는 숲을 상상할 것이다. 그리고 나서 그 속에 인물들이 등장하게 되고 이야기가 전개됨에 따라 아이들 머릿속 영상도 움직이게 될 것이다. 하지만 이러한 상상력이 제대로 작동되지 않는 경우, 아이들에게 공간을 이해시키기 위하여 다음과 같은 방법을 사용할 수 있다.

첫째, 구체적인 소품을 활용한다. 방금 든 예에서처럼 무대가 숲 속과 집이라고 해도 그것을 다 그림으로 형상화하여 보여 주는 것보다는 아주 사소한 소품을 한두 개 정도 제시하는 것이 더 효과적일 수 있다. 숲이라고 해도 나무 한 그루, 집이라면 거실에 놓인 의자 하나와 같은 방식으로 제시할 때, 이를 보는 아이들은 그 작은 소품이 포함되는 큰 그림의 여백을 상상할 수 있게 된다. 다시 말해서 사소한 소품 하나가 공간을 상상할 수 있는 통로가 되는 것이다.

둘째, 공간의 분위기를 환기시킨다. 여기에는 감각적인 요소가 가미되는 것이 더 효과적이다. 예를 들어 풀냄새, 꽃향기 등과 같은 후각을 사용하거나 따뜻한 바람 또는 물, 나뭇잎 등을 느낄 수 있도록 촉각을 자극하고, 새소리, 종소리 등의 청각 자극, 그곳의 색깔을 연상하도록 하는 시각 자극 등 여러 감각 기능을 활성화하는 것이다. 이러한 방식으로 공간을 인식하도록 하면 더 구체적으로 공간과 인물 간의 관계 형성을 인지할 수 있다.

셋째, 아이들로 하여금 상상의 공간 속에서 움직여 보도록 한다. 이 경우 눈을 감거나 현실의 공간을 다 사용하는 것이 좋다. 아이들에게 눈을 감게 하고 교실 또는 이야기를 들려주는 공간을 탐색하게 한다. 눈을 감고 그 공간을 다니며 이런저런 물건들을 만지게 하면서 상상의 공간을 연상하도록 하면, 아이들은 눈을 뜬 다음 보이는 익숙한 현실 공간 속에서도 자유롭게 이야기 속 공간을 상상할 수 있게 되는 것이다.

이러한 방법들의 핵심은 자칫 2차원일 수 있는 평면 공간을 3차원적으로 입체화한다는 점 그리고 그 중심에 상상의 체험을 통해 이야기 속의 주인공이 아니라 아이들 본인이 존재할 수 있도록 한다는 점이다. 이런 경험들이 많아지면 자신도 모르는 사이에 점차 자신을 둘러싸고 있는 공간을 돌아볼 수 있게 되며, 더 나아가 공간 속 여러 요소들과 관계를 형성할 수 있게 된다. 뿐만 아니라 평소에는 의식하지 못하는 자연환경에 대해서도 눈을 떠서, 그 결과 자연에 대해 익숙해지며 자신에게 소중한 대상으로 여길 수 있게 되는 것이다. 이야기 속 공간에 대한 인식은 이런 이유에서도 매우 중요하다.

이제 이야기 속 시간을 보자. 시간은 우리의 인생 그 자체다. 왜냐하면 우리가 존재하는 시간은 제한되어 있기 때문이다. 따라서 출생부터 죽음에 이르기까지 우리는 시간의 지배를 벗어날 수 없다. 시간은 이처럼 흐르는 것으로, 변화와 성장을 의미한다. 아이들로 하여금 이야기 속에서 시간을 인식하도록 하는 이유는 바로 시간의 이러한 속성, 즉 우리의 변화와 성장을 의식하도록 하는 데 있다. '씨앗에서 나무 되기'는 모든 아이들이 좋아하는 작업이다. 불과 3, 4분이라는 짧은 시간 동안 땅 속 씨앗에서 싹으로, 줄기 그리고 커다란 나무로 성장하는 과정을 아이들이 좋아하는 이유는 그 안에 변화와 성장이라는 우리의 숙명과도 같은 속성이 함축되어 있기 때문이다.

또한 전 세계 아이들이 피터 팬 이야기에 열광하는 이유도 그 이야기가 신나고 통쾌한 모험 이야기이기도 하지만, 그보다는 어른이 되기를 거부하는 피터 팬을 통해 우리로 하여금 변화와 성장에 대하여 깨닫게 하기 때문이기도 하다. 이야기 끝부분에서 집으로 돌아가 정상적으로 성장하려는 웬디를 보면서, 만약 아이들에게도 그와 같은 선택권이 주어진다면 아쉬워하면서도 결국에는 피터

팬이 아니라 웬디를 택할 것이다. 이처럼 변화와 성장은 우리가 필수적으로 경험해야 하는 것으로, 이에 대한 욕구는 본능과도 같다고 할 수 있다.

시간에 대한 또 하나의 중요한 인식은 그것의 반복과 순환성이다. 대표적인 예가 아침-낮-밤이라는 하루 24시간 그리고 봄, 여름, 가을, 겨울의 4계절이라는 순환이다. 이것 또한 변화와 성장을 뜻하지만, 다시 할 수 있다는 재출발의 의미가 보다 크다. 무엇이든지 다시 할 수 있다는 것만큼 두려움을 극복하고 용기를 주는 것은 없다. 베텔하임의 지적대로 이야기의 중요함이 어려움을 극복할 수 있는 믿음이 생기도록 하는 것에 있다면, 이러한 시간에 대한 인식이야말로 아이들로 하여금 차근차근 성장·발달 단계를 밟도록 도울 수 있을 것이다.

어떤 사람들은 이렇게 말할지도 모른다. '공간은 그렇다 하더라도 시간을 통한 변화와 성장, 반복, 순환, 이런 어려운 것들을 아이들이 어떻게 이해할 수 있겠어? 하루가 무엇인지도 모르는 아이들인데. 봄이 뭔지 여름이 뭔지도 모르고. 피터 팬? 우리 아이들은 토끼와 거북이 이야기도 이해하지 못하거든.' 어쩌면 이러한 생각이 맞을 수도 있다. 하지만 그것은 아이들이 이런 개념들을 접할 기회가 없었기 때문이 아닌지 생각해 볼 일이다. 다시 말해서 무엇이든지 그 눈높이에 맞추어서 적용하면 그 단계에서 받아들일 수 있는 만큼 이해할 수 있는 것이다.

예를 들어 앞서 말했던 '씨앗에서 나무 되기'는 지금까지 내가 만난 발달장애아들이 모두 자기 나름대로 이해하면서 즐거워했던 작업이다. 이것을 봄-여름-가을-겨울의 흐름과 관련하여 극화하여 체험한다면, 시간의 반복과 순환역시 자기 수준대로 적절하게 이해할 수 있는 것이다. 하지만 이것이 어렵다면 각 시간대별로 해야 하는 일과 연관지어 살펴보는 것만으로도 충분하다. 예를 들어 아침에는 일어나서 옷을 입고 밤이 되면 잠을 자는 것과 같은 지극히 단순한 것들이라고 해도, 그것이 우리의 일상생활과 밀접하게 연관되어 있는 만큼 아이들의 사회성 발달에 도움이 되는 것은 당연하다.

시간과 공간은 그것이 매우 중요한 것임에도 불구하고 이야기 속에서 자칫 소홀히 하기 쉽다. 왜냐하면 그것이 없으면 이야기가 존재하지 않을 만큼 기본적인 것이기 때문이다. 하지만 지극히 당연한 이 두 요소에 대해 이처럼 의미를 부여하여 살펴보면, 우리 아이들의 사회성 발달과 성장·회복에 효과적이라는 사실을 알 수 있다. 그것은 우리로 하여금 주변에 있는 모든 것들을 돌아보게 하고, 서로 하나씩 관련지어 생각하도록 한다. 주변을 보며 생각할 수 있다는 것은 자신과 외부를 연결지어 볼 수 있다는 것이며, 이는 세상을 바라보는 마음이 그만큼 성숙했다는 것을 뜻한다.

아이들이 좋아하는 이야기 예 3

눈의 여왕

아이들에게 상실과 회복은 불안과 행복의 원천이다.

"어느 작은 도시에 카이라는 남자아이와 겔다라는 여자아이가 살았어. 둘은 아주 친한 친구여서 다락방 장미 정원에서 함께 놀곤 했지. 그러던 어느 날 카이의 눈에 깨진 거울 조각이 박혔어. 그것은 옛날에 못된 악마가 만든 것으로, 뭐든지 다 흉측하게 보이는 거울이었지. 악마는 거울을 하늘로 옮기다가 그만 떨어뜨려 깨뜨리고 말았어. 산산조각 난 거울은 먼지처럼 떠다니다 사람들의 눈에 박히는 거야. 그러면 사람들은 차갑고 잔인하게 변해 버리고 말아. 카이도 거울 조각이 눈에 박힌 날부터 못된 아이로 변해 갔어. 어느 날 카이가 눈밭에서 썰매를 타며 노는데, 눈의 여왕이 나타나서 카이를 데려가 버렸어. 봄이 되자 겔다는 카이를 찾아 길을 떠났지. 요술쟁이 할머니 집에 갇히기도 하고, 산적 소굴에게 잡히기도 했어. 그곳에서 눈의 여왕이 카이를 데려갔다는 말을 들은 겔다는 카이를 찾아 얼음성으로 향했어. 여러 어려운 과정을 다 거치고 마침내 카이를 만나게 되었지. 차가운 성 안에서 꽁꽁 얼어붙은 채 앉아서 얼음 글자를 맞추고 있는 카이를 발견한 겔다는 껴안고 눈물을 흘렸어. 그 눈물에 카이 눈에 박힌 거울 조각이 빠져서 카이는 제 정신을 회복하게 되었어. '영원'이라는 얼음 글자도 맞추어졌고. 그게 바로 여왕이 카이를 놓아 주는 조건이었거든. 두 사람은 집으로 돌아와서 할머니와 함께 행복하게 오래오래 살았단다."

〈눈의 여왕〉은 아이들 대부분이 좋아하는 안데르센(Hans Andersen)의 동화다. 많은 다른 모험 이야기들이 그렇듯이, 이 이야기 역시 곤경에 처한 친구를 구출하는 내용으로 되어 있다. 모험 이야기의 경우 아이들은 위험을 극복하고 승리한다는 모험 그 자체의 내용에 관심을 두게 되는데, 눈의 여왕 이야기는 우리로 하여금 겔다의 용감함보다는 얼음 마음이 되어 버린 카이에게 집중하게 한다. 다시 말해서 이 이야기 내용 자체를 겔다의 모험으로 보지 않고, 카이의 불행과 되찾은 행복으로 기억하게 된다는 것이다.

사실 이 이야기는 아이들을 위한 것이라 하기에는 비교적 많은 인물들과 사건들이 전개되는 대서사적 드라마다. 이야기 속에서 중요한 등장인물은 카이와 겔다 그리고 할머니와 눈의 여왕이다. 카이와 겔다는 단짝친구, 할머니와 눈의 여왕은 서로 대립적인 존재로, 할머니가 아이의 정서적 안정과 행복에 필수 요소라면, 눈의 여왕은 모두를 위협하는 악의 세력이다.

대부분의 사람들 마음에 남아 있는 것처럼, 이 이야기를 카이를 중심으로 하여 살펴보도록 하자. 카이는 상냥한 아이로 누구에게나 사랑받는 소년이다. 그런 카이가 어느 날 뜻하지 않게 거울 조각이 눈에 박혀 상냥한 마음을 잃어버리는데, 이러한 상황은 도저히 극복할 수 없는 운명과도 같다. 이 이야기를 접하는 많은 사람들이 카이에게 끌리는 이유는 어쩌면 이와 같은 빼앗김, 상실이 결코 스스로 해결할 수 없는 것이기 때문인지도 모른다. 왜냐하면 아이는 어른과 같은 거대한 존재 앞에서 보호받아야 하는 대상이며, 이에 맞설 수 없는 나약한 존재이기 때문이다. 따라서 카이의 불행을 보면서 아이들은 그 나약함으로 인해 쉽게 동일시되는 것이다.

모든 것을 빼앗긴 카이가 차디찬 얼음성에서 할 수 있는 것이라곤 얼음 조각들을 가지고 '영원'이라는 글자를 만들려고 애쓰면서 누군가 와서 구해 주기를 기다리는 것밖에 없다. 이처럼 한없이 무력한 카이였기 때문에 그를 구한 겔다의 눈물은 그만큼 우리에게 더욱 극적으로 느껴진다. 만약 카이를 구한 것이 총이나 칼처럼 강한 것이었다면 이 동화가 그만큼 인상적으로 남아 있지는 못할 것이다. 그것이 눈물, 특히 어린 여자아이의 눈물이었기 때문에 카이의 회복이 우리에게 소중하게 여겨지는 것이다. 상실과 회복은 우리에게 있어 불안과 행복의 상징이다. 아이들이 이 동화를 좋아하는 이유는 극복하기 어려운 상실 뒤에 오는 행복의 여정이 극적인 과정 속에 잘 그려져 있기 때문이다.

아이들을 위한 이야기 구조답게 행복 – 불행 – 행복으로 이루어져 있는 이 동화는 다른 어느 이야기보다 은유와 상징으로 된 대립의 이미지가 풍부하다. 예를 들어 눈물 / 거울조각, 장미정원 / 얼음성, 빨간색 / 하얀색, 할머니 / 눈의 여왕 등이 그러하다. 이처럼 유사하거나 대립되는 이미지가 풍부한 이야기를 활용할 때에는 시각적인 이미지나 동작을 사용하는 것이 효과적이다.

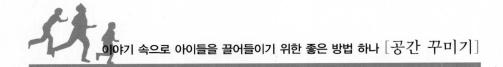

이야기 속으로 아이들을 끌어들이기 위한 좋은 방법 하나 [공간 꾸미기]

공간은 이야기와 연극 사이에서 중요한 연결고리가 된다. 왜냐하면 이야기 속에 담겨 있는 무대 배경을 다양한 물체들을 사용하여 구체적으로 제시하면 그것이 곧 연극을 할 수 있는 공간이 되기 때문이다. 그 공간을 꾸미는 방법은 수없이 많다. 심지어 허공에 손가락으로 그리기만 해도 공간은 만들어진다. 그리고 어쩌면 그것이 더욱 상상력을 자극하는 좋은 방법일 수도 있다.

또한 다음 페이지의 사진에서 보듯이 모래놀이 상자에 여러 가지 인형과 물체를 사용하여 한눈에 볼 수 있도록 하는 것도 좋다. 이것은 공간의 축소화로, 이로 인해 이야기 자체에 대해 거리를 두게 되는 효과가 탁월하기 때문이다.

part 3.
만남 그리고
연극치료

{ **거대 인형을** 등장인물로 활용하여
사람과 함께 연극을 꾸미는 작업은
현실과 허구를 넘나드는 효과를 가져온다.

Chapter 08

만남, 진단 평가,
치료, 결과

학교에서 연극 수업을 한 결과 아이의 문제 행동들이 많이 좋아진 것을 보았다. 이것은 교육일까, 치료일까? 치료센터에서 아이의 학습이 특히 문제되었기 때문에 학교 수업과 관련된 공부를 가르쳤다. 이것은 치료일까, 교육일까?

교육과 치료의 경계는 이처럼 모호할 때가 많은데, 예술교육과 예술치료 사이에서는 더욱 그러하다. 발도르프가 말했듯이 '교육은 치료다.' 그렇다면 치료는 교육일까? 한번 생각해 보자. 집단에서 한 아이가 유독 많은 문제 행동을 일으킨다. 그럴 때 교사와 치료사는 그 아이를 진정시키기 위해 노력할 것이다. 하지만 상황은 더욱 나빠지기만 하고 반드시 가르쳐야만 하는 내용이 있을 때 교사는 어쩔 수 없이 그 아이보다는 다른 아이들의 교육을 먼저 생각할 것이다. 그리고 치료사는 또한 선택의 여지가 없는 상황에서 가르쳐야 하는 교육 내용을 포기하게 될 것이다.

사실 교육과 치료를 구분한다는 것 자체가 참 무의미하다. 교육은 교사의 몫이며, 치료는 치료사의 몫이기 때문이다. 교사에게 치료사적인 마음이 있으면 더욱 좋고, 또한 치료사가 교사로서의 생각까지 지니고 임하면 더욱 좋은 결과가 나올 수 있을 것이다. 그런데 예술의 경우 이에 관한 의문과 토론이 왕왕 벌어진다. 그 이유는 아마도 예술에 있어 치료적 속성이 그만큼 중요한 부분을 차지하기 때문일 것이다.

연극에 있어 교육연극과 연극치료에 관한 논의가 바로 여기에 해당되는데, 사실 외면상으로 보기에 두 영역의 방법 및 기술은 별로 차이가 없다. 미국과 영국의 경우 연극치료가 그보다 조금 앞선 교육연극에서 비롯된 것이라는 점을 볼 때 이 같은 유사성은 당연하다. 하지만 같은 기법을 사용한다고 해도 그것이 교육과 치료라는 다른 말로 구분되는 데에는 분명한 이유가 있다. 무엇보다 각 과정의 출발점과 목표가 다르다.

교육이 대상자의 지적 수준을 출발점으로 삼는 데 비해, 치료는 대상자의 문제점을 파악하는 것으로부터 시작한다. 그리고 교육이 지적 능력 향상을 목적으로 한다면, 치료는 인지를 비롯한 전반적인 사고와 행동의 변화를 목적으로 한다. 교육과 치료가 이루어지는 곳이 어디인가 하는 것은 그다지 중요한 문제가 아니다. 물론 전문 치료센터나 병원이 최적의 장소이겠지만 복지시설 또는 학교 그 어느 곳이든지 치료의 목적으로 행해지는 것이면 그것은 치료다. 하지만 제대로 된 치료 작업을 위해서는 다음과 같은 사항들을 유념할 필요가 있다.

치료 현장에서의 만남

치료의 시작은 치료받고자 하는 대상자, 즉 참여자와 치료사의 만남이다. 그런데 치료를 의뢰하는 사람은 성인의 경우 대부분 당사자이지만 아이의 경우는 부모 또는 보호자다. 따라서 치료 이전에 부모, 그중에서도 특히 어머니와의 충분한 협의가 이루어져야 한다.

첫째, 아이의 이상증상에 대하여 치료사와 어머니가 공감하는 것이 필요한데, 그래야만 치료 현장에서의 결과물이 실생활로 연계되어 적용됨으로써 보다 좋은 치료 효과를 촉진할 수 있기 때문이다. 물론 이러한 공감대 형성은 전 치료 과정으로 이어지는 것이 필수적이다. 여기에서 특히 유의해야 할 것은 서로 견해가 다를 경우 상대방의 의견을 존중해야 한다는 점이다. 치료사는 무엇보다 어머니의 양육 방침을 수용하는 자세가 필요하다. 어머니만큼 아이에 대해 잘 알고 있는 사람은 없기 때문이다. 하지만 치료사가 판단하기에 어머니가 미처 의식하지 못하는 아이의 증상이 있다고 확신하면, 적극적으로 어머니를 이해시켜야 한다. 만약 어머니와 치료사 간에 견해의 차가 좁혀지지 않는다면 치료를 당분간 중단하는 것이 바람직할 것이다.

둘째, 치료의 목표와 기간에 대한 합의가 전제되어야 한다. 사실 어떤 치료이든지 단기간에 완치되는 것은 없으며, 연극치료와 같은 일종의 대체의학적인 치료들은 더욱 그러하다. 아이의 경우 1~3년을 권하는데, 경우에 따라 최단기로 6개월을 진행하기도 한다. 이처럼 치료 기간을 구체적으로 정하는 것은 연극치료 전 과정 속에서 이루어 가는 목표를 선명하게 그릴 수 있게 해 준다. 어떤 어머니는 3년 지나도 계속 하고 싶다고 하기도 하는데, 이 경우에도 일단 끝내고 몇 년 뒤 다시 시작할 것을 권한다. 왜냐하면 치료에서 정말 중요한 것은 참여자 스스로의 자발적인 치유의 힘, 즉 아이 스스로 회복할 수 있도록 돕는 것이기 때문이다.

마지막으로, 첫 만남에서 강조되어야 하는 것은 참여자의 자발적인 의지다. 치료의 주체는 치료받고자 하는 참여자이지 부모 또는 치료사가 아니다. 만약 아이가 적극적으로 치료에 임하지 않는다면, 아무리 좋은 방법과 수단을 동원해도 치료 효과는 미미한 수준에 그치고 말 것이다. 따라서 무엇보다 치료받고자 하는 확실한 동기를 부여하는 것이 필요하다. 하지만 발달장애아들의 경우 이와 같은 자발성을 끌어내는 일은 쉽지 않다. 특히 자신의 문제를 의식하지 못하는 어린아이나 심한 중증 장애인 아이들은 아주 기본이 되는 본능적 행위만 스스로 할 뿐 그 어떤 것에도 무관심하기 때문이다. 이럴 경우 치료의 성패는 치료사의 자질과 치료 작업의 내용에 달려 있다고 할 수 있다. 즉, 치료사가 아이의 성향을 재빨리 파악하고 호기심을 자극할 수 있도록 노력해야 하는 것이다. 이와 함께 연극치료 시간이 유쾌하고 즐겁게 진행되도록 해야 한다. 유쾌함과 즐거움이야말로 자발성을 촉진하는 데 효과적이기 때문이다.

연극치료의 진단 평가

치료 대상에 대한 진단 평가는 모든 치료에 공유되는 기준이 있지만 각 치료 영역마다 고유한 측면이 존재한다. DSM-IV와 같은 분류 척도에 의해 진단명을 내리는 것이 공유되는 기본 요소라면, 연극치료에서는 이와 함께 대상자의 현재 상태에 대한 진단과 더불어 앞으로의 치료 과정을 결정짓는 데 도움이 되는 진단 평가를 시행한다. 물론 여기서의 평가 기준은 기존의 다른 치료에서 사용되는 검사지나 설문지처럼 충분히 입증되었거나 절대적인 것이 아니기 때문에 대상에 따라 충분히 다르게 적용될 수 있다. 또한 연극치료인 만큼 행동을 지속적으로 관찰하는 것이 필요하기 때문에, 이 진단 평가는 한 번의 검사로 이루어지는 것이 아니라 여러 회기를 진행하면서 계속적으로 관찰·검토하는 과정을 거쳐야 한다. 연극치료 자체가 아직 시작 단계이므로 진단 평가에 대한 기준은 앞으로도 계속 논의되어야 할 것이다.

1 언어적 측면

장애아가 보이는 언어적 특성은 어떤 치료든지 가장 우선적으로 점검되어야 하는 사항이다. 연극치료에서도 마찬가지로 치료 과정의 난이도를 결정하기 위해서는 언어적 특성을 살펴보는 것이 중요하다. 발달장애아들의 언어적 특성은 크게 네 가지 부류로 나누어 볼 수 있다. 의사소통에 전혀 문제가 없는 경우 / 반향어가 대부분인 경우 / 자기가 하고 싶은 말만 하는 경우 / 아무 말도 하지 않는 경우.

이 외에도 말할 때 단어 중심인지 아니면 문장을 제대로 구사할 수 있는지 혹은 논리적인 이해가 가능한지 아닌지 등을 구별할 필요가 있으며, 이 모든 특성들을 고려하여 연극치료 과정에 필요한 기본 지침을 세울 수 있다. 즉, 의사소통이 원활한 경우 연극치료에서는 스스로 생각하고 문제를 해결할 수 있는 과정 중심으로 진행할 수 있다. 반향어가 심하거나 자기가 하고 싶은 말만 할 경우 우선 치료 과정에서 다양한 연극을 볼 수 있도록 한다. 그리고 아무 말도 하지 않는 경우에는 극 활동에 앞서 감각 표현 활동을 먼저 충분히 즐기도록 한다.

의사소통이 원활하다 ➡ 문제 해결 과정 중심으로 진행한다.

반향어 또는 자기 말만 한다 ➡ 다양한 관극 활동 중심으로 진행한다.

일체 말을 하지 않는다 ➡ 감각 표현 활동 중심으로 진행한다.

2 놀이적 측면

놀이는 사회성과 직결되는 측면이다. 이 특성은 두 가지 면에서 살펴보아야 하는데, 혼자 놀 때 그리고 치료사 또는 친구들과 함께 놀 때 어떤 모습을 보여 주는지 주의하여 볼 필요가 있다. 우선 혼자 노는 경우, 공간 안에서 어떤 특정 장소를 선호하는지 아니면 여러 곳에 두루 관심을 보이는지를 본다. 그리고 특정한 물건에 대하여 집착을 보이는지 혹은 강박적인 행동이 나오는지, 또는 여러 가지로 다양하게 관심을 가지는지, 집착하는 색깔이나 형태는 없는지 등을 자세히 관찰한다. 그리고 다른 사람들과 함께 노는 경우 치료사 및 또래 친구들과의 관계 형성이 유사한지 아니면 치료사와는 원활한 반면 또래 친구들에게는 무관심한지 등을 살펴본다.

혼자 놀 때	특정 장소를 선호한다. ➡ 편안하고 즐거운 활동으로 시작한다.
	여러 곳에 많은 관심을 갖는다. ➡ 한 가지에 몰두할 수 있는 작업으로 시작한다.
	물건 집착이나 강박적 증상을 보인다. ➡ 여러 방면으로 흥미를 유발하는 작업으로 시작한다.
집단으로 놀 때	모든 사람들과 관계를 잘 맺는다 ➡ 지나친 억압이 없는지 내면의 심리를 파악하도록 한다.
	치료사와는 좋은 관계지만 또래에게는 무심하다 ➡ 짝짓기 활동을 먼저 한다.
	모두에게 무관심하다 ➡ 다른 물체를 활용한 극 활동을 먼저 한다.

3 인지적 측면

연극을 통한 인지적 능력 진단은 주로 이야기와 극을 중심으로 이루어진다. 극적 상황 속에서 벌어지는 사건에 대해 어느 정도 이해하는가를 보는 것이다. 그런데 바로 여기에서 아이들의 진단이 다른 영역의 것과 차이가 나는 경우가 종종 있다. 즉, 저능아 수준의 정신지체 진단을 받은 아이들이 극적 상황을 이해하는 능력이 뛰어나거나 등장인물의 성격과 행동을 정확히 파악하는가 하면 심지어 대사 암기력까지도 월등하게 뛰어나서 줄줄 외우기도 하는 것이다. 사실 앞에서도 강조하였듯이 아무리 심한 중증의 장애아라고 해도 이야기를 전혀 이해하지 못하는 경우는 없다. 왜냐하면 이야기는 우리가 본능적으로 즐기는 것이기 때문이다. 따라서 여기서는 이야기를 어떤 방식으로 인지하는가를 살펴보아야 한다.

이야기와 극적 상황을 정확히 이해한다 ➡ 신체 감각 활동 수준을 점검하고, 역할을 제대로 수행하면서 다양한 경험을 하도록 한다.

논리성이 부족하다 ➡ 원인과 결과의 관계 구조를 파악하기 쉬운 극 활동을 먼저 한다.

인물에 대한 이해가 부족하다 ➡ 사회적 관계가 선명하게 드러나는 극 활동을 먼저 한다.

사물과의 연관성을 이해하지 못한다 ➡ 물건에 의미를 부여하는 극 활동을 먼저 하며, 극적 공간을 상상할 수 있도록 한다.

---

4 행동적 측면

치료 대상자가 어떻게 행동하는지 살펴보는 것은 모든 치료에 공통되는 요소이지만 특히 연극치료에서는 행동 부분이 중요하게 반영된다. 사실 이 행동 관찰은 눈깜박임, 눈맞춤과 같은 아주 미미한 동작부터 걸음걸이, 신체 전체의 움직임, 유연성, 자신의 행동을 자각하는 정도 등 큰 동작까지 매우 다양하다. 그리고 이와 같은 움직임은 그 내면에 있는 심리까지도 파악해야 하는 만큼 세밀하게 관찰해야 한다. 무엇보다 중요한 것은 바로 이러한 행동이 연극치료의 처음과 끝이 된다는 사실이다. 대상자의 문제는 드러나는 행동으로 표출되는 것이며, 치료의 결과는 그 행동이 달라진 것으로 확인할 수 있기 때문이다.

자신의 모든 행동을 자각하고 매우 유연하다 ➡ 더욱 섬세한 동작 표현력을 유도한다.

전반적으로 대충 움직인다 ➡ 동작을 끊어 하나 하나 세심하게 할 수 있도록 한다.

틱 장애와 같은 특정 행동이 있다 ➡ 움직임 이전에 상상에 몰입할 수 있도록 한다.

신체 접촉 자체를 싫어한다 ➡ 자신의 감각을 충분히 느낄 수 있도록 하고, 비언어적인 표현 방법을 우선 즐기도록 한다.

신체 감각 지각 능력이 떨어진다 ➡ 우선 촉각을 활용하여 즉각적인 반응을 많이 체험하도록 한다.

모방이 되지 않는다 ➡ 먼저 자신의 움직임을 인식하고, 타인을 보고 따라하도록 한다.

눈맞춤조차 되지 않는다 ➡ 호기심을 유발할 수 있는 매체 활용을 많이 하고, 치료사와 대상자가 한 몸이 되어 움직이면서 인식하도록 한다.

---

5 심리적 측면

아이의 심리 상태는 정서적인 면과 감정적인 면으로 나누어 살펴보아야 한다. 즉, 정서적으로 안정적인지, 위축되거나 불안한지 그리고 주 감정은 어떤 것이며 본인이 어느 정도 그것을 인지하는지 등을 관찰한다. 정서적으로 안정된 아이들을 보면 대부분 부모 또는 대리 양육자의 사랑을 듬뿍 받고 있는 경우가 많다. 하지만 부모의 사랑을 받고 있음에도 불구하고 정서적으로 불균형한 아이들이 많은데, 그 이유는 대부분 아이가 지나치게 예민하기 때문이다. 정서적인 면이 밖으로 드러나는 것이라면, 그 밑에 깔려 있는 것이 바로 감정적인 면이다. 그런데 사실 정서적으로 안정된 사람들은 큰 문제가 없는 한 치료받을 필요가 없는 행복한 사람들이다. 따라서 심리적 측면을 살펴볼 때에는 정서적인 불안과 위축의 두 가지 양상 밑에 내재되어 있는 감정을 정확히 짚어내는 것이 중요하다.

얼핏 생각하기에 발달장애아들과 정서적 불안 또는 위축은 그다지 관계가 없는 것처럼 여겨질 수도 있다. 하지만 지금까지 만난 아이들을 보면, 겉으로 확실하게 드러나지만 않을 뿐, 불안과 위축이 발달장애아들에게서 가장 많이 나타난 정서라고 할 수 있다. 불안과 위축은 흔히 동반되는 정서인데 비슷한 것 같으면서도 다르다. 이 둘을 구별하는 결정적인 요소는 분노이며, 이는 대부분의 문제를 겪는 사람들에게서 가장 많이 볼 수 있는 감정이다. 왜냐하면 분노는 가장 쉽게 노출되기 때문이다. 하지만 분노라는 감정 속에는 다른 여러 감정들이 복합적으로 섞여 있어서 그것을 명확히 구분하기란 쉽지 않다. 여기에서 불안과 위축으로 나타나는 행동 저변에 깔려 있는 감정은 동일한 것으로 생각될 수도 있다. 예를 들어 두려움은 불안과 위축의 두 정서에 기본적으로 깔려 있는 감정이다. 하지만 불안의 두려움이 우선적으로 편안함을 충분히 느낌으로써 극복할 수 있는 것이라면, 위축의 두려움은 자신이 진정으로 두려워하는 것이 무엇인지 분명히 알 때 이길 수 있는 힘이 생긴다. 이처럼 같은 감정이라고 해도 그것이 불안인지 아니면 위축인지에 따라 실제 치료 과정에서는 다른 방식으로 접근해야 한다.

166

불안과 위축	
두려움	천이나 밀가루 같은 부드러운 매체를 활용하여 편안함을 느끼도록 하거나 두려움의 실체가 무엇인지 인식하도록 한다.
공포	스스로 충분히 해결할 수 있는 쉬운 작업부터 시작하여 자신감을 가질 수 있도록 한다.
슬픔	자신도 누군가를 돌볼 수 있음을 체험하는 극화 활동을 통해 자기 연민에서 벗어날 수 있도록 한다.
분노	자신이 화가 났음을 충분히 인식하고 그 상황을 인정하면서 서서히 누그러지도록 한다.
수치	자신의 무능함이 사실은 누구나 다 겪는 일이라는 것을 체험하도록 한다.
증오	자신만이 맹목적인 피해자라는 강박관념에서 벗어나도록 한다.

지금까지 살펴본 진단 분류와 각각의 세부 항목을 정리해 보면 다음과 같다.

진단 분류	세부 항목
언어적 측면	발화 형태 및 발음
	단어 / 문장 / 논리성
놀이적 측면	혼자 놀 경우 – 공간 활용 / 관심 대상 / 집착
	집단 활동에서 – 치료사와의 관계 / 또래와의 관계
인지적 측면	논리성 / 이야기 이해력 / 수 개념
	사회적 관계성 / 사물의 관계성
행동적 측면	모방 / 신체 감각 / 소리
	반복 행동 / 유연성 / 행동 자각
심리적 측면	정서적 안정감 / 심리적 위축감
	주 감정 상태 / 감정 인지 / 방어기제

치료 과정과 결과

보호자와의 충분한 상담 및 대상자에 대한 진단 평가가 이루어지면 본격적으로 치료 과정이 시작된다. 연극치료는 집단 작업이 주를 이루는 만큼 1회당 1시간~1시간 30분 정도의 시간이 소요되며, 개별 작업의 경우에는 50분 정도의 시간이 적당하다. 모든 치료가 그렇듯이 연극치료 역시 꾸준히 지속하는 것이 효과적이다. 치료의 과정은 보호자와 치료사가 정한 일정 기간의 대목표가 있고, 분기별로 중목표를 그리고 각 회기마다 상세한 목표를 설정하여 이루어진다.

연극치료의 효과는 매 회기마다 치료사가 정한 소소한 목표의 결과물들이 쌓일 때 큰 목표를 이루게 된다. 예를 들어 친구들과 놀 때 적절한 대응을 하지 못해서 문제가 많이 생기는 아이의 경우 대목표는 '관계 형성을 잘하기'로 정한다면, 매 회기마다 이루어야 하는 작은 목표들은 '순서 잘 지키기' '다른 사람이 하는 것을 잘 보기' '친구에게 요구할 것이 있으면 당당하게 말하기' '다른 사람이 하는 말을 잘 이해하기' 등과 같이 비교적 구체적이면서도 잘 수행할 수 있는 것들로 설정하는 것이 바람직하다.

치료 과정에서 연극으로서의 고유함은 행동과 감정이라는 두 가지 점에서 찾을 수 있다. 행동은 앞서 말한 것처럼 연극치료의 출발점과 종착점을 이룬다. 다시 말해서 치료 대상자의 문제를 구체적인 행동에서 찾아야 하며, 치료 결과 회복된 점 역시 달라진 행동에서 확인해야 하는 것이다. 예를 들면 문제 행동에는 얼굴에 나타나는 무표정, 틱(Tic) 행동, 주눅 든 어깨, 소극적인 몸동작 등이 있으며, 회복된 결과로서의 행동으로는 표정의 다양함, 생기 있는 표정, 분명한 발음, 자신감 있는 동작, 당당한 걸음걸이 등이 있다.

또한 감정의 경우 앞에서 제시한 진단 평가와 구체적인 적용 방법들이 발달장애아들에게는 그다지 적절하지 않다고 생각할 수도 있다. 하지만 많은 발달장애아들은 자기 나름대로 감정을 표출한다. 예를 들어 화가 날 때 어떤 아이는 갑자기 말이 빨라지기도 하고, 또 다른 아이는 전혀 앞뒤가 맞지 않는 말을 중얼거리거나 울음을 터뜨리고, 어떤 아이는 손바닥을 마구 비비기도 하는 등 자신이 화가 나 있다는 것을 의식하지 못한 채 외적 행동으로 표현하는 것이다. 따라서 발달장애아들의 연극치료에서 감정은 무엇보다 우선적으로 파악해야 하는 진단 분류일 뿐만 아니라, 반드시 초기 과정에서부터 적용하여 아이의 변화를 이끌어 내야 하는 중요한 영역이다.

이 외에도 치료사가 보호자와 함께 충분히 합의해야 하는 것은 바로 목표 설정이다. 발달장애아의 어머니들은 대부분 아이의 사회성이 좋아지기를 원한다. 그런데 좋은 사회성이란 과연 어떤 것일까? 학교나 사회에서 잘 적응하고 친구 관계가 원만한 것일까? 그렇다면 일반아동들까지 포함하여 그런 아이들이 과연 몇 명이나 될까?

사람들은 저마다 생긴 모습이 다르듯이 살아가는 모양 역시 각자 다르다. 치료 목표 설정에서 이와 같은 다양함과 고유함은 충분히 반영되어야 한다. 사회성이 좋다는 것이 반드시 모든 친구들과 원만하게 잘 지내는 것만을 의미하지는 않는다. 그보다는 오히려 사회 구성원으로서 자신이 해야 하는 일을 제대로 수행하는 것이라고 할 수 있다. 이렇게 볼 때 진정한 사회성이란 무엇보다 자신이 편안해서 혼자서도 잘 놀 수 있고, 필요하면 친구에게 다가가서 함께 놀자고 말할 수 있는 것이 아닐까? 분명히 어떤 아이에게는 여러 친구들과 고르게 잘 어울리게 할 필요가 있다. 하지만 또 다른 어떤 아이의 경우 그보다는 오히려 혼자서 놀면서 책임감 있는 아이로 성장하는 것이 더 중요할 수도 있다.

다시 한번 강조해 본다. 100명의 장애아가 있으면 100가지 장애가 있다고 말하듯이, 10명의 발달장애아들이 연극치료를 받는다면 그 과정과 목표도 제각기 달라서 10가지 과정과 10가지 목표가 있는 것이 당연한 일이다.

변신은 매력적인 연극 작업이며
몸과 마음을 자유롭게 한다.

Chapter 09

학령 전 발달장애아
집단치료 사례

지운: 만 6세 - 정신지체 및 발달장애

지운이는 몸집이 좋고 아주 잘생긴 소년이다. 말을 하지 못하는 특별한 이유가 없는데 거의 말을 하지 않으며, 어떤 것에도 반응을 보이지 않고 움직이는 것을 싫어한다. 하지만 "안녕, 엄마." 정도의 단순 단어를 마지못해 따라하는 것을 들어 보면 발음은 정확하다. 아주 가끔이지만 자기가 필요할 때면 "곰 인형 주세요."와 같은 문장도 자발적으로 한다고 한다. 극 보기도 그냥 앉아 있을 뿐이라는 느낌이 들만큼 무심하다. 의사소통 대상은 어머니가 유일하다. 어머니만이 지운이가 지금 무엇을 원하는지 또는 싫어하는지 잘 안다. 특히 먹는 것에 대한 기호가 뚜렷해서, 싫어하는 것은 전혀 입에 대지도 않고 좋아하는 것에는 지나치게 집착한다. 동생이나 친구 또는 다른 사람들에게 전혀 관심을 보이지 않지만, 뭔가 불만이 있을 때에는 옆 사람을 꼬집는다. 인지 능력을 측정할 수 없을 정도로 모든 면에서 반응을 보이지 않는다. 신체 지각 능력 또한 많이 떨어지는 편이다.

동혁: 만 5세 - 발달장애(쌍둥이 동생)

동혁이는 제 나이에 비해 왜소하며 특히 눈이 많이 나빠 안경을 쓰고 있다. 발음이 부정확한데다 발성도 좋지 않아서 어쩌다 하는 말도 거의 알아듣기 힘들다. 매우 소극적이며 주눅이 들어 있는 편이라서 자기가 하는 것보다 다른 아이들이 하는 것에 더 많이 신경 쓰고 그로 인해 산만해 보인다. 사소한 물건에 집착하는 경향이 있어서 소품을 활용하는 작업에서는 그 물건들에 정신이 팔려 거의 집중하지 못한다. 하지만 다른 아이들에 비해 지시하는 말을 잘 따른다. 잘 웃고 온순한 성격으로, 자신이 가진 물건을 누군가 빼앗아도 떼쓰기는 하지만 그다지 심한 편은 아니다. 이야기를 듣고 이해하는 수준도 비교적 괜찮아서 극 보기를 좋아한다.

동민: 만 5세 – 발달장애(쌍둥이 형)

동민이 역시 제 나이보다 왜소하며 안경을 쓰지만 동혁이만큼 시력이 나쁘지는 않다. 얽매이는 것을 싫어해서인지 안경 쓰기를 싫어하고 손잡는 것도 거부한다. 행동도 빠르고 활발한 편인데, 순서를 지킨다거나 집단으로 함께 무엇인가 하려면 늘 이탈하여 혼자 논다. 다른 사람의 시선을 의식하지 않고 제멋대로 행동하며, 특정 소리를 내기도 한다. 발음이나 발화에는 문제가 없지만 거의 말을 하지 않는다. 어머니는 아이가 제대로 앉아 있지 않고 이상야릇한 소리를 내기도 하기 때문에 함께 영화나 연극관람을 할 수가 없었다고 한다. 단순한 숫자나 색깔 구분을 이제야 할 수 있으며 이야기 인지는 거의 안 되는 것 같다고 한다.

진단

이 아이들의 경우 의사소통이 원활하지 않기 때문에 어머니들의 이야기를 토대로 1차 진단을 하였고, 치료 과정을 진행하는 가운데 극 활동뿐만 아니라 그림, 매체 사용 등 여러 다양한 작업 과정 속에서 보이는 행동을 중점적으로 관찰하면서 다음과 같이 항목별로 진단 평가하였다.

진단 분류		세부 항목
언어적 측면	지운	발음에는 문제가 없으나 언어 구사력과 이해력을 진단하기 어려울 정도로 말을 거의 하지 않고 적절한 반응도 보이지 않는다.
	동혁	발음이 나쁘고 말을 할 때 위축되는 경향이 있다. 언어 이해력은 좋은 편이지만, 아직 단어 수준의 언어 표현이 나올 뿐 문장으로 구사하지 못한다.
	동민	발음이 좋은 편은 아니며 언어 이해력 또한 나쁘지 않지만 적절한 반응을 하는 대신 혼자 마음대로 노는 것을 즐긴다. 단어 사용이 동혁이보다 부족하다.
놀이적 측면	지운	친구들과 함께 하는 활동에 전혀 관심이 없고 멍하니 있으려 한다. 특별히 관심을 보이는 물건도 없으며 자신이 좋아하는 먹을 것에만 집착한다.
	동혁	수줍음이 많아서 치료사 뒤에 숨지만 모든 활동에 관심이 많고 조금씩 유도하면 조심스럽게 다가와서 함께 한다. 자신이 하는 활동보다는 다른 친구들을 보느라고 부산하게 움직인다.
	동민	치료사나 다른 친구들에게 무관심하며, 자기가 하고 싶은 대로 움직이고, 활동에 들어왔다 나갔다 하는 등 집단 훈련이 거의 되어 있지 않고, 착석도 하지 않는다.
인지적 측면	지운	인지 수준을 측정할 수 없을 만큼 모든 활동에 무관심하다.
	동혁	이야기 듣기 또는 극 보기에 비교적 집중하는 편이지만 얼마만큼 이해했는지 알아보기 위해 물음을 던지면 답하지 못한다.
	동민	이야기 듣기와 극 보기에 아랑곳하지 않고 마음대로 움직이기 때문에 인지 수준을 파악하기 힘들다.
행동적 측면	지운	소리에 민감하고 특히 기계음을 싫어한다. 모방도 전혀 하지 않으며 신체 감각 활동에도 반응이 없다. 가끔 손을 얼굴에 가까이 대고 흔드는 등 계속 같은 행동을 반복한다.
	동혁	소리보다 조명에 민감하여 어둠을 싫어한다. 모방은 잘하지만 신체 감각활동을 할 수 없을 만큼 신체 접촉을 거부한다.
	동민	특별히 소리나 조명에 반응하지 않으며, 모방은 안 하지만 신체 지각 능력이 좋은 편이다. 움직임이 매우 유연하고 빠르다. 혼자 아아 하는 소리를 자주 낸다.
심리적 측면	지운	정서적인 상태를 파악하기 어렵다.
	동혁	심리적으로 매우 위축되어 있고 불안해 보인다.
	동민	정서적으로 안정된 편이다.

목표 설정

어머니들은 아이들이 또래에 비해 많이 뒤처진다는 것을 잘 알기 때문에 조금씩만 나아져도 좋겠다고 하였다. 무엇보다 언어 구사력이 나아지기를 원하면서도 상황에 적절한 최소한의 반응만 행동으로라도 보여 주면 좋겠다고 했다. 인지력이 학교 수업을 따라갈 수 있게 되면 얼마나 좋을까 생각하면서도 숫자를 열, 아니 그 이상까지 셀 수 있다거나 선생님의 말씀을 제대로 이해하기만 한다면 좋겠다고 했다. 무엇보다 다른 아이들과 함께 어울릴 수 있기를, 특히 공공장소에서 눈에 띄는 행동이나 이상한 소리를 내지 않고 규칙을 잘 지킬 수 있기를 바랐다.

어머니들이 원하는 것은 우선 사회 적응력, 이해력, 집중력 등 여러 영역에서 고르게 발달하는 것이다. 이를 토대로 연극치료 작업 전 기간을 통한 대목표와 기간별 목표 그리고 매 회기 세부 목표 등을 설정하는데, 여기에는 또한 집단 전체의 목표와 개인별 목표가 포함된다.

집단 전체의 1년 목표는 '1, 2년 안에 들어갈 학교 또는 어린이집에서 다른 친구들보다 부족하기는 해도 함께 교육받을 수 있도록 적절한 행동하기'이며, 이를 위해 매월 목표를 '관계 형성하기 - 규칙과 순서 지키기 - 모방과 움직임을 자유롭게 하기' 등으로 조금씩 상향 조정하며 세운다. 한편, 담당 치료사는 매회기별로 자신이 맡은 아이를 위한 목표를 구체적으로 설정한다.

집단치료의 장점은 앞서 언급하였듯이 서로를 보며 함께 하기 때문에 각기 다른 모습과 다양함을 공유할 수 있으며, 이를 통해 규칙과 순서를 먼저 습득하게 된다는 것이다. 따라서 집단 작업은 사회성 발달에 특히 효과적이라고 할 수 있다. 하지만 학령 전 발달장애아의 경우 집단 작업에 앞서 개별적인 작업을 진행하는 것이 좋다. 이는 아이에 따라 각기 우선적으로 중점을 두어야 하는 작업들로서, 예를 들어 그림 그리기나 책 읽기 또는 지점토 만들기 등과 같은 것들로 이루어진다.

　　첫 회기의 작업 과정은 다음과 같이 진행하였는데, 이는 각 담당 치료사들의 일지를 참고하여 정리하였다.

첫 회기 작업 진행 과정

집단 목표　집단 구성원 간 관계 형성하기

개별 목표　지운: 집단에 즐겁게 참여하기, 꼬집는 행동 줄이기
　　　　　　　동혁: 다른 친구 보지 않고 활발하게 참여하기
　　　　　　　동민: 집단에 방해되는 행동 줄이기, 착석하기

작업 과정

1) 개별 활동

❶ 책 읽기(지운): 지운이는 그림 그리기를 싫어하기 때문에 동화책을 읽었다. 하지만 책 읽기에도 별 관심을 보이지 않았고, 다른 친구들이 그림 그리는 것을 두리번거리며 보기도 하지만 역시 무관심했다.

❷ 그림 그리기(동혁): 흰색 도화지에 조심스럽게 가는 선을 내려 긋는데, 비슷한 색 위주로 도화지 한 부분만 채웠다. 하지만 자신의 작업에 열중하지

않고 다른 친구들이 뭘 하는지 살피느라 매우 산만해 보였다.

❸ 그림 그리기(동민): 흰 도화지에 여러 색을 겹쳐서 색칠하는데, 색깔에는 관심 없이 과감하게 칸 메우기에만 몰두하였다. 다른 친구들에게는 전혀 관심을 보이지 않으며 색칠하는 동안 내내 아아 소리를 냈다.

2) 박수치기

한 번, 두 번, 세 번 함께 박수를 침으로써 집단 활동을 시작한다. 다 함께 박수를 치고 또 개인별로 한 사람씩 박수를 쳤다. 지운이는 집단과 개별에서 대충 박수치기를 따라했지만, 분명히 알고 하는 것이 아니라 그냥 치료사를 따라 하는 정도였다. 동혁이는 함께 박수를 칠 때는 웃으면서 하지 않았고 개인별로 박수칠 때는 잘하였다. 동민이는 이 작업에서 전혀 아랑곳하지 않고 자기가 하고 싶은 대로 돌아다녔다.

3) 움직임 따라하기

앉은 자세에서 담당 치료사와 손바닥을 마주하고 함께 올렸다 내렸다 하는 움직임을 하였는데, 워낙 움직이기를 싫어하는 지운이는 그냥 바닥에 엎드려 버렸다. 동혁이는 수줍어하면서도 잘 따라하였다. 동민이는 자리에서 이탈하여 계속 같은 소리를 내며 뛰어다니기 시작하였다.

4) 거울보기

모방이 제대로 되지 않는 아이들을 위해 우선 치료 공간 한 벽에 있는 거울을 통해 자신을 보도록 하였다. 지운이는 거울 앞에서 약간 관심을 보였지만 주변 것들을 만지작거리기만 할 뿐 치료사의 동작을 모방하지는 않았다. 동혁

이는 가장 많은 관심을 보이며 따라하려고 했지만 동민이가 주변에서 방해하
자 금방 집중력이 흐트러졌다. 동민이는 거울을 보며 계속 장난을 치면서도 거
울 속 자신의 모습을 바라보는 것을 즐겼다.

5) 상상 속 여행

함께 줄을 지어 공간 탐험을 하는데, 숲 속 음향이 나오자 아이들이 잠시 집
중하였다. 징검다리를 건너는 동작, 동굴 속을 지나는 동작 등에서 지운이는
비교적 잘 따라하였다. 동혁이는 어떤 동작들은 잘 따라하다가도 다른 사람을
의식하면 전혀 하지 않았다. 동민이는 자신은 전혀 하지 않는 대신 다른 친구
들이 하는 동작은 지켜보기도 하였다.

6) 연극 보기

세 아이 다 연극을 보는 것에는 관심이 없었다. 특히 지운이는 뒤로 물러나
서 뛰기도 하다가 편한 자세로 앉아 멍하니 있었다. 동혁이는 연극 자체보다
소품에 많은 관심을 보이면서 흘끔흘끔 쳐다보았다. 동민이는 계속 다른 곳
을 보면서도 소리 내는 것이 줄었고, 또한 비교적 앉아 있는 시간이 길어졌
다. 동혁이와 동민이는 딴청부리면서도 연극에 많은 관심을 보였다.

7) 그림자놀이

엉금엉금 기면서 자신의 그림자가 생기는 것을 보거나 벽에 손으로 나비
를 만드는 활동은 아이들 모두 매우 즐겼다. 지운이는 그림자 자체에 많은 관
심을 보인 반면, 동혁이는 기는 것을 좋아했다. 또한 동민이는 활발하게 움직
이는 것을 즐겼다.

8) 마무리 – 박수로 표현하기

아이들 모두 박수치는 것은 하였지만 박수치기에 포함된 규칙은 인지하지 못하였다.

이처럼 진행된 과정을 종합해 보면 다음과 같다.

문항\정도	5	4	3	2	1
자발성			○		
집중력			○		
상상력				○	
사회성				○	
신체 표현				○	
언어 표현				○	

전반적인 평가

첫 만남과 작업에서 아이들 모두 담당 치료사와의 관계 형성은 비교적 잘 되었다. 오늘의 개별 목표는 지운이의 경우 꼬집는 행동을 하지 못하도록 적극적으로 개입했기 때문에 작업 과정 동안에는 하지 않았다. 하지만 작업이 끝나고 어머니를 만나자 금세 팔을 꼬집는 것이었다. 작업 과정 동안 받은 스트레스를 그런 식으로 표현하는 듯했다. 동혁이가 다른 친구를 살펴보지 않게 되는 것은 비교적 긴 시간이 걸릴 것이다. 하지만 모든 작업에 활발하게 참여하면서 가장 즐거워했다. 동민이는 밖으로 돌면서도 중간 중간 깊이 관찰하는 것을 볼 수 있었다. 어쩌면 동민이의 인지력은 어머니가 생각하는 것 이상으로 훨씬 좋을지도 모른다. 다음 회기에는 같은 목표를 가지고 좀 더 깊이 들어오도록 진행해야겠다.

성결 과정

주 1회 1시간 정도의 연극치료로 갑자기 아이가 좋아지기를 기대할 수는 없다. 하지만 치료는 분명한 결과로 나타나야 하며, 작업 공간에서 경험한 변화는 반드시 실생활로 이어져야 제대로 치유되는 것이다. 이를 위해 어머니와 계속적으로 피드백을 주고받을 필요가 있다. 이 집단의 어머니들은 가장 좋은 협조자로서 매일 아이의 행동에 관한 단편적인 기록을 적어서 치료사와 주고받았다. 이 기록에서 우리는 작업 과정에 반영할 수 있는 많은 정보를 얻을 수 있었고, 어머니는 또한 연극치료 작업의 효과를 조금씩이나마 실생활에서 확인할 수 있었다.

예를 들어 지운이가 집에서 혼자 놀면서 거울 앞에 서서 손을 움직이며 노래한다든지, 연극을 보러 갔을 때 제대로 자리에 앉아 보다가 "아저씨, 공 주세요."라는 긴 문장을 자발적으로 하였다는 것은 매우 놀랄 만한 변화이며, 우리는 이 같은 어머니의 일지를 통해서 연극치료 과정에서 조금씩 형성된 변화들이 일상으로 이어진 것을 알 수 있었다. 또한 동혁이와 동민이도 어느새 미용실에 가서 의젓하게 앉아 머리를 자를 정도로 기본적인 사회성이 발달하게 되었으며, 특히 동혁이가 "엄마, 앉아." 하면서 처음으로 문장으로 말했을 때 어머니는 말할 수 없이 기뻐하였다. 동혁이는 이후 친구의 이름도 부르면서 함께 놀자고 하는 등 의사소통 능력이 눈에 띄게 좋아졌다. 또한 지운이와 마찬가지로 연극 관람을 할 수 없었던 동민이가 극장에서 이상한 소리를 내지 않고 연극을 보았다는 것 역시 치료 과정에서의 변화가 실생활로 이어진 결과였다.

치료 작업 중반부에 이르렀을 즈음, 아이들에게서 다음과 같이 달라진 모습을 볼 수 있었다.

지운: 처음에는 멍한 표정만 지었는데, 이제는 얼굴 표정이 많이 다양해졌다. 감정 표현 역시 전에 비해 좋아졌다. 규칙과 순서 지키기도 잘하지만 관계 형성은 아직도 치료사에게만 국한되어 있으며, 친구들에게 먼저 다가가지는 않는다. 자발성과 능동성은 아직도 현저하게 부족하며, 여전히 치료사에게 수동적으로 이끌려서 참여하기는 하지만 이 또한 전에 비해 많이 나아졌다. 역할 입기와 인지 역시 많이 부족하다.

동혁: 아직 발음이 부정확하지만 눈에 띄게 말이 많아졌다. 어떤 과정에서도 뒤로 빼던 소극성이 줄어들고 이제는 자진하여 먼저 하겠다고 나설 만큼 자신감이 많이 향상되었다. 역할 입기도 제법 잘하며 이야기에 대한 인지와 이해력이 현저하게 좋아졌다. 무엇보다 다른 친구들에게 말도 걸고 함께 하자고 하는 등 사회성이 좋아졌다. 하지만 아직 신체 접촉에 대해서는 민감하게 반응해서 충분히 이완하는 것을 어려워한다.

동민: 늘 혼자 마음대로 움직이던 행동이 많이 줄었고 집단 작업을 어느 정도 함께 할 수 있게 되었다. 규칙과 순서 지키기도 잘하며 극 보기와 이야기 듣기 역시 전에 비해 많이 좋아한다. 하지만 아직 역할 입기는 잘 하지 않는다. 산만하던 모습이 사라지고 집중력이 향상되었지만 아직 처음부터 끝까지 집중하여 듣는 것은 힘들어한다.

초반부에 설정하였던 목표는 회기를 거듭하면서 어느 정도 달성하였고 이에 따라 중·후반에는 또 다른 목표로 작업을 진행하였다. 물론 매 회기별 그리고 개인별 목표는 아주 구체적으로 세웠고, 수차 반복하는 가운데 각 담당 치료사들은 작업 과정 동안 그 목표를 이루기 위해 세심하게 개입하였다. 다음의 작업 과정은 치료 작업을 시작한 지 8개월 뒤의 것으로, 이를 살펴보면 초기 진행 과정과 얼마만큼 달라졌는지 알 수 있다.

후반부 연극치료 회기 작업 진행 과정

집단 목표　이야기 인지와 상황 이해력 높이기

개별 목표　지운: 지운이가 주가 되어 능동적으로 활동하기
　　　　　　　동혁: 자연스럽게 신체 접촉하기
　　　　　　　동민: 이야기 집중해서 듣기

작업 과정

1) 인사(이야기+동작): '무슨 나무일까?'

이 집단은 이제 개별 작업을 할 필요가 없을 만큼 함께 움직이고 소통한다는 공동체 의식이 확실하게 자리 잡았다. 또한 각자 순서대로 단에 올라가 인

사하는 것에도 익숙해져서, 한 단계 더 높여 몸으로 어떤 사물을 표현하고 이를 알아맞히도록 한다. 동혁이가 가장 먼저 알아맞히고 동민이는 집중해서 본다. 아직 몸으로 표현하는 동작이 거칠고 급하지만 매우 좋아한다. 지운이는 치료사가 일러주는 대로 따라 하는 수준이다.

2) 마주 보고 거울놀이: 일대일로 씨앗에서 나무 되는 과정 똑같이 해 보기

동혁이는 아직 신체 접촉에 민감해서 자꾸 움츠러든다. 그래서 기회 있을 때마다 손을 잡고 몸을 대는 작업을 하며 자연스러운 신체 접촉을 시도한다. 씨앗에서 나무로 자라나는 움직임은 혼자 하는 것이라서 동혁이가 매우 즐기며 잘한다. 동민이는 치료사의 이야기를 집중해서 듣지는 않았지만 동작은 비교적 잘 따라하였다. 오늘은 다른 친구를 방해하지도 않았다. 지운이는 아직 동작을 이어서 연결하는 것이 많이 서툴다. 오늘도 웅크리고 씨앗 되는 초기 동작에만 몰두하였다.

3) 신문지 펀치＋큐빅 건너기

활동성을 강화하기 위해 오랜만에 신문지 펀치(신문지를 주먹으로 쳐서 찢는 놀이)를 하였다. 가장 달라진 친구는 동혁이다. 전에는 신이 나서 달려오지만 막상 신문지를 제대로 찢지 못했는데, 이제는 제일 먼저 하면서 자신 있게 펀치를 가한다. 동민이는 순서를 잘 지킬 뿐만 아니라 다른 친구들이 하는 것을 응원해 주기까지 한다. 지운이도 둔한 몸집으로 웃으며 달려와 신문지를 찢는다. 이어서 일정한 동작을 따라 하며 큐빅 건너기(아이가 올라설 만큼 커다란 큐빅을 여러 개 배치하고 징검다리 건너듯 하는 놀이)를 하니까 신문지 펀치에서 흥이 난 뒤여서인지 모두 잘 따라하며 즐거워한다.

4) 발성: 소리 내며 달려오기

소리를 내며 달려와서 바로 앞에서 멈추는 것은 아이들에게 즐거움을 줄 뿐만 아니라 발산과 절제까지 경험하게 해 준다. 가장 멀리서 멈추는 것은 동혁이, 넘치게 뛰어오는 것은 동민이, 달려오는 것 자체도 멋대로 하던 지운이였는데, 이제는 모두 어느새 적당히 멈출 줄도 알고 오면서 그때그때 제시하는 소리를 동작과 맞추어 낼 수 있게 되었다.

5) 이야기 들으며 극 보기: '당근 찾기 대회'

아이들은 모두 동물이 주인공으로 등장하는 이야기를 좋아한다. 아직 많은 인물들이 등장하여 우여곡절을 겪는 이야기는 어려워하기 때문에 우선 이야기에 몰입하도록 하기 위해 간단하면서도 즐길 수 있는 내용 위주의 이야기를 들려준다. 오늘도 아이들 모두 이야기 듣기에 몰입하였다.

6) 원으로 앉아 이야기 속 허구 동작 해 보기

❶ '아이~ 졸려!' : 눕기
❷ '늑대가 토끼에게' : 살금살금 다가가기
❸ '토끼 살려' : 도망가기
❹ 굴 파기
❺ 당근 떨어뜨리기
❻ 낭떠러지 밀기

아직 인물의 행동에 대한 인지가 확실하게 되지 않는 아이들을 위해 동작 따라하기를 통해 역할 입기를 시도하였다. 역할을 분명하게 표현하지는 않았지만 모방 수준이 확실히 높아졌다. 이제 역할에 대한 인지도 더욱 향상될 수 있을 것이다.

7) 마무리 인사
모두 손을 모아 화이팅을 외치며 마무리하였다.

이처럼 진행된 과정을 종합해 보면 다음과 같다.

문항\정도	5	4	3	2	1
자발성		O			
집중력		O			
상상력			O		
사회성		O			
신체 표현		O			
언어 표현			O		

전반적인 평가

오늘 작업 과정은 신체 표현과 움직임이 주를 이루었다. 하지만 그 목적은 자연스러운 움직임이 아니라 이야기 속 사건에 대한 이해와 역할 입기를 위한 것으로 아이들 모두 잘 따라주었다. 이미 가장 많은 변화를 보여 준 동혁이는 오늘도 모든 작업 과정에 몰입하여 즐거워하면서 참여하였다. 움직임을 좋아하는 동민이는 그 어느 때보다도 집중도가 높았다. 다른 사람의 이야기를 전혀 듣지 않던 동민이가 이야기 듣기를 즐기게 되면서 부쩍 달라진 모습을 보인다. 지운이 역시 오늘은 모방 동작에 다 참여하였다. 이제는 체현, 투사, 역할을 조금씩이나마 다 수행할 수 있게 된 것이다. 앞으로는 아이들 모두 보다 많은 말을 할 수 있도록 담당 치료사와 개별적으로 이야기 꾸미기 그리고 내용에 대해 대화 주고받기 작업을 많이 해야겠다.

치료 결과 평가

우리는 1년 뒤 이 집단에 대한 평가를 통해 아이들이 제각기 모든 측면에서 고루 성장한 모습을 확인할 수 있었다.

진단 분류		세부 항목
언어적 측면	지운	처음에는 전혀 말을 따라하려 하지 않았는데, 이제 치료사가 하는 말을 잘 따라한다. 하지만 아직 수동적이며 자율적인 언어 구사는 많이 부족한 편이지만, 다른 사람의 말을 알아듣고 반응하는 것이 좋아졌다.
	동혁	아직 발음이 좋지 않지만 어떤 말이든지 서슴없이 하려고 한다. 이야기 인지 및 이해력은 확실히 좋아졌으며, 문장 구사력 또한 많이 늘었다. 앞으로 시제를 적절히 사용하는 문장 중심으로 이야기 꾸미기를 할 것이다.
	동민	아직 많은 말을 하는 편은 아니다. 하지만 발음이 분명해졌으며 이야기 이해력이 많이 좋아졌다. 문장을 길게 이어 말할 수 있도록 이끌어야 할 것이다.

진단 분류		세부 항목
놀이적 측면	지운	치료사와의 관계 형성 및 상호작용은 매우 좋아졌다. 아직 친구에게 직접 다가가서 말을 건다거나 관심을 보이지는 않지만, 함께 놀 수 있도록 유도하면 자연스럽게 참여한다.
	동혁	친구들과의 작업은 물론 처음 보는 사람에게도 말을 걸 수 있을 만큼 활발해졌다.
	동민	무관심한 성격 탓인지 아직 치료사나 다른 친구들에게 친밀감을 표시하지는 않는다. 하지만 집단 작업도 즐기며 함께 활동할 때에는 다른 사람을 배려하는 모습도 보여 준다.
인지적 측면	지운	자신이 관심을 보이는 이야기는 분명히 인지하지만, 아직 이야기 듣기를 즐기지는 않는다. 내용에 관해 질문을 하면 아주 단순한 답만 하는 수준이다.
	동혁	이야기 인지와 이해력이 아주 좋아졌으며, 질문에 적절하게 답하기도 한다. 아직 이야기를 조리 있게 설명하지는 못한다.
	동민	이야기에 대한 인지력이 좋아졌으며 무엇보다 관심이 없었던 이야기 듣기를 즐긴다. 하지만 내용에 대해 질문하고 답하는 것은 어려워하며 좋아하지 않는다.
행동적 측면	지운	소리에 대한 민감한 반응이 많이 완화되었으며 특별히 싫어하는 소리도 없어졌다. 아직도 신체 움직임을 즐기지는 않지만 모방도 좋아졌으며 의미없는 행동을 계속 반복하는 것은 거의 없어졌다. 심하게 스트레스를 받으면 이제는 꼬집거나 때리는 행동 대신 울거나 소리친다.
	동혁	어둡거나 시끄러운 소리가 들려도 아무렇지 않게 반응한다. 신체 활동이 활발해졌으며, 이완과 신체 접촉도 즐긴다.
	동민	혼자 왔다 갔다 하는 행동과 이상한 소리를 내는 것이 없어졌다. 날쎄게 움직이는 것을 즐기기 때문에 섬세한 신체 동작 표현은 좋아하지 않는다.
심리적 측면	지운	아직 여러 감정들이 자연스럽게 표현되지는 않지만, 표정도 많이 부드러워졌고 울음 또는 웃음 등으로 자신의 기분을 상황에 맞게 드러내는 것이 많이 좋아졌다.
	동혁	큰 소리로 웃기도 하는 등 자신감이 많이 향상되었고 안정적이 되었다. 하지만 급한 상황에 닥치면 여전히 두려움이나 불안과 같은 정서적 위축감이 많이 나타난다.
	동민	본래 정서적으로 안정된 편이며, 몰입과 집중력이 좋아지면서 많이 차분해졌다. 하지만 아직 상황에 대한 적절한 대응력은 많이 부족하다.

{ '무궁화꽃이 피었습니다'는
놀이와 게임의 형식에 따라
자발적으로 움직이고 표현하는 데 탁월하다.

Chapter 10

초등학교
저학년
자폐 스펙트럼
아동 사례

일반학교,
일반학교 특수학급,
특수학교

일반학교에 다니는 준이가 내게 말을 건다. "아이스크림이 빨간색인가요, 파란색인가요?"

영문을 모르는 내가 답한다. "아이스크림이 그런 색깔도 있어?"

준이가 다시 묻는다. "아이스크림이 빨간색인가요, 파란색인가요?"

준이가 왜 그러는지 어렴풋이 이해한 나는 대답한다. "아 그렇다, 딸기 아이스크림은 빨간색이네, 그런데 파란색 아이스크림은 먹어 본 적이 없는데. 그건 뭘까?"

또 준이가 말한다. "아이스크림이 빨간색인가요, 파란색인가요?"

나도 다시 말한다. "준이야, 너 지금 다른 말 하고 싶은 거지? 그런데 그렇게 말하는 거지? 정말 하고 싶은 말을 제대로 해야 선생님이 알아듣지."

준이가 얼굴을 일그러뜨리며 답한다. "싫어요, 이렇게 말할래요. 아이스크림이 빨간색인가요, 파란색인가요?"

보통 아이들처럼 대화를 주고받지 못해서 일반학교에서 많은 어려움을 겪고 있는 준이가 한 마지막 말에 난 눈물이 핑 돈다. 그래도 결국엔 조금이나마 싫다는 자기 의사를 제대로 표현했구나 하는 생각과 함께 이 아이가 학교에서 겪고 있을 그 모든 어려움이 그대로 느껴지면서 몹시 마음이 아프다.

192

학령 전 장애아동을 가진 어머니들의 가장 큰 고민은 아마도 진학 문제일 것이다. 아이를 특수학급이 없는 일반학교에 넣어야 할까, 혹은 특수학급이 있는 일반학교가 좋을까, 아니면 특수학교에 보내는 것이 좋을까? 그리고 또 하나, 우리 아이를 1년 유예시킬 것인가 아니면 제 나이대로 보낼 것인가? 과연 어느 쪽을 선택하는 것이 진정으로 아이를 위한 길일까? 내가 만나는 어머니들이 이 같은 고민을 상담할 때 참으로 난감하다.

물론 장애가 심해서 정상적인 학교생활이 어렵다고 생각되는 아이들에게는 자신 있게 특수학교를 권할 수 있을 뿐만 아니라, 어머니 역시 이미 그렇게 하려는 마음을 먹고 있어서 쉽게 이야기를 나누게 된다. 하지만 이런 경우를 제외하고 대부분의 어머니들은 가능하면 일반학교를 보내고 싶어 한다. 왜냐하면 '조금 늦은' 아이들이 '보다 잘하는' 아이들의 모습을 보고 배울 것이 많다고 생각하기 때문이다. 또한 통합교육의 목표가 바로 이런 것이니 말이다.

처음부터 특수학교에 입학하거나 또는 일반학교에 입학하고 필요할 때 특수학급의 도움을 받는 아이들의 경우, 학교 적응이 문제이긴 하지만 어머니들은 이미 어느 정도 마음의 준비를 하고 있다. 왜냐하면 그 아이들이 다른 아이들처럼 일반적인 학교생활을 할 수 있으리라고는 기대하지 않기 때문이다. 다시 말해서 학교 현장에서 이미 그 아이들이 지니고 있는 장애가 기정사실로 받아들여진다는 것이다. 여기서 가장 문제되는 경우는 오히려 정상과 비정상의 경계선상에 있는 아이들이다.

내가 만나는 아이들 가운데 자폐 성향이 있기는 하지만 그럭저럭 정상적인 학교생활을 할 수 있으리라고 생각되는 아이들조차 막상 학교에 들어가면 매우 힘들어하는 경우가 종종 있다. 심지어 아무 문제없이 학교생활을 잘할 것 같았던 아이가 예상 밖으로 아주 상태가 안 좋아져서 찾아오는 것을 보면, 학교 적응은 우리 아이들에게 매우 중대한 문제인 것이 분명하다.

그렇다면 정상과 비정상의 경계선상에 있는 장애란 어떤 상태를 말하는 것일까? 이에 관해 우선 어머니들의 입장에서 생각해 보자. 앞서 살펴보았던 분류기준, 즉 언어, 놀이, 인지, 행동, 심리적 측면에서 볼 때, 대부분의 어머니들은 무엇보다 아이의 인지가 정상적인 수준에 미치고, 다만 언어와 행동이 약간 뒤떨어진다면 정상의 범주에 속하는 것으로 보려는 경향이 있다. 그런데 실제 학교생활에서 두드러지게 부각되는 문제는 바로 그 '조금 뒤떨어지는' 행동과 언어적 측면이다. 준이와 성호, 미영이를 통해 이와 같은 경계선상 아이들이 겪는 어려움에 관해 살펴보고자 한다.

집단 구성원

준이: 만 7세, 초등학교 1학년 – 발달장애

일찍 애착장애 진단을 받은 준이는 어머니가 열성적으로 특수교육을 꾸준히 시킨 결과 상당 부분 향상되었고, 따라서 제 나이에 맞게 일반학교에 진학하여 약간의 어려움은 있겠지만 그런 대로 무난히 학교생활을 할 수 있을 것으로 예상되었다. 다만 언어와 행동적인 면에서 우려되는 부분이 있기 때문에 어머니는 입학을 앞두고 여러 방면에서 적응 훈련을 하도록 하였으며, 연극치료도 그중 하나였다.

준이는 발음에는 전혀 문제가 없었지만 자연스러운 대화를 주고받는 것이 어려웠다. 선생님이 가르치는 말을 단순히 따라하기에 익숙하였을 뿐 아니라, 무언가 생각하고 이야기하는 능력도 조금 뒤떨어졌기 때문이다. 또한 다른 사람과 소통하기보다는 자기가 하고 싶은 말을 계속 반복하는 경향이 있었다. 행동적 측면 역시 다른 친구들과 함께 상호 교류하며 놀지 않고 자기 맘대로 친구들에게 다가가서 잡기도 하는 등 함께 작업하기에 힘든 부분이 많았다.

하지만 점차 다른 사람의 말을 따라하는 것이 현저히 줄어들게 되었고, 상황을 인지한다거나 내용을 이해하고 대답하는 것 또한 많이 좋아졌다. 다른 사람을 의식하지 않고 제멋대로 행동한다든지 자기가 하고 싶은 말을 반복하는 것은 계속되었지만, 그래도 전에 비하면 많이 나아진 편이었다. 예를 들어 준이가 반갑다는 표현으로 다짜고짜 친구를 잡고 엉뚱한 말을 반복하면 대부분의 친구들은 놀라며 준이를 거부하였고, 준이는 준이대로 아무리 그러지 말라고 해도 말을 듣지 않았다. 하지만 이럴 경우 준이를 붙잡고 차근차근 설명하는 것을 수차례 거듭하였더니, 어느새 준이는 이를 받아들이고 친구에게 미안하다는 말도 할 수 있게 되었다. 또한 준이가 계속 의미가 통하지 않는 말을 반복할 때 이를 먼저 극화하여 체험하도록 하면 안정을 찾고 작업에 임하였다.

이러한 준이가 일반학교에 입학하는 것은 당연한 일이었고, 다만 필요할 때 적절하게 누군가가 개입만 하면 학교생활에 큰 무리는 없을 것으로 예상되었다. 게다가 통합교육에 대한 기대도 있어서 준이가 자신보다 모든 방면에서 훨씬 잘하는 아이들과 어울리면 이를 보고 배워 더욱 향상될 것이고, 중ㆍ고등학생쯤 되면 별로 차이가 없는 단계까지도 가능할 것으로 기대했다.

미영: 만 7세, 초등학교 1학년 – 언어장애

미영이는 구강 구조상의 결함에서 오는 언어장애가 있었지만, 수술을 받고 꾸준히 치료를 계속해서 많이 좋아진 상태였다. 처음 입을 열고 말을 시작하는 것을 힘들어할 뿐, 일단 말을 시작하면 잘할 수 있었다. 구강 구조로 인해 소리가 울리는 경향도 있고 전반적으로 발음이 선명하지도 않았는데, 어떤 때에는 아주 분명한 발음으로 또박또박 말하기도 하였다. 인지에는 아무 문제가 없어 보였지만 언어장애로 인해 행동이나 놀이, 심리적 측면에서도 많이 위축되어 있었다.

처음 만남에서 미영이는 잔뜩 겁에 질린 모습에 웃음 하나 없이 무표정한 얼굴로 이것저것 지켜보기만 하였기 때문에, 여러 면에서 중증 장애가 있지 않은지 의심되었다. 하지만 인지 능력이나 의사소통은 원활하였고, 단지 언어적인 면에서 앞서 말한 문제가 보일 뿐이었다. 다른 아이들에 비해 많이 위축된 모습은 어쩌면 유치원이나 학교생활에서 친구들과 원만하게 어울리지 못했기 때문이라고도 볼 수 있었다.

미영이에게 가장 시급한 것은 우선 닥치는 대로 말을 할 수 있도록 돕는 것이었고, 이를 위해서는 무엇보다 흥미를 유발하여 자발성을 북돋아 주는 것이 필요하였다. 초반에는 아무것도 하지 않으려 하던 미영이가 다른 친구들 그리고 치료사와 함께 하는 활동에 점차 활발하게 참여하게 됨에 따라 위축된 자세도 많이 펴지면서 얼굴에도 웃음이 피어나게 되었다. 하지만 아직도 말이 쉽게 나오지 않으며 발음 역시 부정확할 때가 많아서 자연스럽게 언어 활동을 할 수 있도록 많은 도움이 필요할 것 같다. 또한 정서적인 위축도 좋아지긴 했지만 다른 친구들에게 쉽게 다가가기에는 어려움이 많아서 자신감 또는 자존감 향상을 위한 작업을 많이 할 필요가 있다.

성호: 만 7세, 초등학교 1학년 - 언어지연

자기 나이에 비해 키도 크고 덩치도 좋은 성호는 병원에서 뚜렷한 장애 진단을 받은 적이 없다. 부모님의 주관이 확실해서 성호가 단지 여러 면에서 조금 늦을 뿐이라고 생각하는 것이다. 성호의 경우 부모님의 판단이 옳다고 본다. 왜냐하면 실제로 성호는 늦게 말을 튼 아이처럼 발음이 어눌할 뿐 이해력이나 판단력 등 인지를 비롯한 모든 면에서 지극히 정상적이었기 때문이다.

어머니가 지적한 성호의 문제점은 무엇이든지 대충대충 하려 하고, 매사에 끈기가 없으며, 자신이 좋아하는 것에만 집착한다는 것이었다. 집에서는 신체적 발육은 왕성한 데 비해 언어 등 다른 발육이 조금 늦는다고 생각하였는데, 유치원에서 병원 상담을 해 보라는 권유를 받았다고 한다. 그래서 언어치료를 하였고 6개월 만에 그만해도 된다는 말을 들었다고 하였다. 유치원이나 학교 선생님의 말에 의하면 친구들과의 사이에서 성호는 늘 당하는 입장이었다.

성호는 언제나 웃는 모습이 밝고 매력적인 아이로, 처음에는 자동차에 집착하고 음악도 일정한 것만 선호하는 것 같아서 자폐 스펙트럼인가 의심스러웠지만 거의 모든 면에서 지극히 정상이었다. 또한 발음만 문제일 뿐 단어나 어휘 구사력은 뛰어난 편이었다. 다만 행동에 있어서 절도 있게 하는 대신 대충 해치우려는 경향이 많았으며, 처음에는 무엇이든지 아주 조심스럽게 접근하며 두려워하는 모습을 보였다. 하지만 일단 적응하고 나면 굉장히 즐기면서 모든 과정을 주도적으로 끌고 갔다. 작업의 전 과정을 세심하게 기억하고 있는 성호를 보면서, 인지가 확실한 아이들은 비교적 빨리 자신감을 회복하게 되며 이와 동시에 다른 장애 또한 어렵지 않게 극복할 수 있게 된다는 것을 확인하였다.

학기 초 적응을 위한 연극치료 실제 과정

방학은 모든 아이들을 여유롭게 해 주는 것 같았다. 연구소에 오는 준이와 미영 그리고 성호 역시 학기 중에는 피곤하고 힘든 모습이었는데, 방학이 되자 모두 행복한 얼굴로 오곤 하였다. 2학기가 시작될 무렵 어머니들은 한결같이 아이들이 학교에 돌아가서 더욱 적응하지 못하고 힘들어할까 봐 걱정하는 것이었다.

사실 준이는 1학기 내내 매우 힘든 학교생활을 보냈고 어머니 또한 여러 이유로 마음고생이 심했다. 매번 준이가 교실에서 방치되어 있는 듯한 데다가 준이가 아이들을 건드리면 그것으로 혼나기도 하고 아이들이 준이를 몰아세우는 것 같기도 했다. 게다가 어떤 학부형은 준이가 또 한 번 교실에서 말썽을 일으키면 집단으로 준이를 거부하겠다는 말까지 하였기 때문에 어머니는 내심 긴장하고 있었다. 아니나 다를까 2학기가 되자, 준이는 그전과는 다른 모습으로 연구소에 오기 시작했다. 어머니 말로는 학교에서 거의 매일 선생님께 지적당하고 대부분의 경우 벌을 받거나 가벼운 매를 맞고 온다는 것이었다. 그래서인지 아이가 분노가 많고 되지도 않는 말을 횡설수설하는 것이 더욱 심해졌다고 하였다.

연극치료는 시간이 걸리더라도 은유적이고 간접적인 경험이 더욱 효과적이기 때문에 치료 과정에서 실제 상황과 유사한 극 활동은 아주 드물게 사용한다. 하지만 이 같은 경우 실제 상황을 극으로 하여 아이들과 함께 나누면 아이들의 현재 상황을 쉽게 파악할 수 있으며 임시방편적인 교육의 효과는 분명히 나타난다. 따라서 '생각하는 연극'이라는 제목으로 이 집단에서 처음으로 실제 상황을 재연하였다. 이 가운데 한 과정을 살펴보도록 하자.

연극치료 과정

❶ 인사하기

❷ 실로 공을 만들고 나서 만든 공을 전달하기: 손으로, 입으로

❸ 학교 상황극

❹ 웃는 의자, 우는 의자, 화내는 의자

❺ 무궁화꽃이 피었습니다.

❻ 감정 표현하기: 화내기, 바닥치기, 소리 지르기, 신문지 찢기

❼ 찢은 신문지로 독 사과 만들기

❽ 극 보기

❾ 상황극 다시 해 보기

❿ 느낌 나누기

요즘 제일 먼저 오는 아이는 성호다. 태권도복 차림으로 싱글싱글 웃으며 들어오는 성호를 보면 우리 역시 기분이 좋아진다. 성호는 언제나 모형 자동차를 갖고 놀기 시작한다. 선생님들은 성호에게 다양한 인형을 보여 주면서 다른 것에도 관심을 갖도록 한다. 처음에는 자동차를 충분히 갖고 놀지 않으면 스트레스를 받던 성호가 이제는 자발적으로 자동차를 제자리에 놓고 연극할 준비를 한다.

뒤이어 미영이가 들어온다. 이제 미영이는 환하게 웃는 얼굴로 들어오지만 다른 친구들이 먼저 와 있는 것을 보면 아직도 멈칫거린다. 치료사가 다가가자 미영이는 손을 잡고 오늘은 무엇을 할 것인가 하는 기대감을 보인다.

오늘은 준이가 제일 늦게 도착한다. 요즘 준이는 새로운 버릇이 하나 생겼다. 입구에 놓여 있는 신발들에 관심을 보이며 그중에서 여성용 구두에 가장 집

착한다. 남자용 신발에는 무관심한 반면 여자 샌들 같은 것은 만지작거리다가 그중 하나를 잽싸게 쓰레기통에 넣기도 한다. 준이가 학교에서 그런 행동을 하는 게 흔한 일이라고 하는데, 누군가 준이 신발을 감춘 것이 상처가 되어 그러는지 아니면 준이가 다른 친구의 신발을 감추고 싶은 것인지 확인할 수는 없다.

학교에서 심한 스트레스를 받았다는 준이는 역시 작업 과정에 편안하게 들어오지 못한다. 실로 공을 만드는 작업은 세 아이 모두에게 끈기와 세심함을 주기 위한 것인데, 미영이만 천천히 잘 따라하고 성호는 대충대충 끝내고 나서 다른 것을 하자고 조른다. 준이는 그나마 하지 않으려 한다. 실로 만든 공을 입으로 불어서 상대에게 전하는 것은 미영이를 위한 작업이다. 풍선도 불지 못할 만큼 폐활량이 충분치 않고 발성의 기본인 들숨과 날숨도 충분히 하지 못하는 미영이가 실을 잘 불 수 있게 되면 발음 또한 많이 향상될 것이다.

성호는 이제 언제나 먼저 하겠다고 손을 든다. 웃는 의자를 좋아하는 성호는 웃고 울고 화내는 세 가지 표현을 아주 그럴 듯하게 잘한다. 미영이는 짧게 시도하였고, 준이는 웃고 나서 잉잉거리는 시늉을 하더니 화내는 것을 할 줄 모른다고 하였다. 집중하지 못하고 계속 방해하려는 준이를 위해 우선 치료사들이 교실 안 장면을 즉흥으로 보여 주었다.

엉뚱한 말만 한다고 선생님께 혼나는 아이, 친구를 괴롭힌다고 엉덩이를 맞는 아이를 보여 주자, 세 아이 모두 바짝 긴장하며 집중하였다. 특히 준이는 그 전까지 보여 주었던 산만함에서 180도 바뀌어 꼼짝하지 않고 치료사가 맞고 우는 장면을 지켜보았다. 이후 준이는 아까보다는 훨씬 더 안정적으로 작업 과정에 참여하였다.

'무궁화꽃이 피었습니다'는 아이들 모두 좋아하는 놀이다. 엉금엉금 기거나 구르는 등 다양한 몸짓으로 하는 가운데 아이들은 규칙성을 배우게 된다.

　　규칙과 약속 지키기가 잘 안 되는 준이도 이번에는 비교적 잘 따라오면서 조금씩 안정을 되찾는다. 자신도 모르는 사이에 활발한 신체 활동을 통해 어느 정도 편안해진 아이들은 이어서 '다양한 방법으로 표현하기'에 다른 때보다 훨씬 적극적으로 먼저 하겠다고 나선다.

　　자신의 감정을 제대로 표현할 줄 모르는 준이를 위해 여러 방법으로 화내기를 시도하였는데, 준이는 예상했던 대로 어떤 방법으로도 분노를 표현하지 못했다. 심지어 신문지를 마음대로 찢으라고 해도 신문지 귀퉁이만 만지작거릴 뿐 전혀 찢지 못한다. 이에 비해 미영이는 예전에는 준이와 마찬가지로 화를 내지 못했는데, 이제는 제법 큰 소리를 내기도 하고 손으로 바닥을 힘껏 내리치기도 한다. 놀라운 발전이다. 아이들이 작업 과정에서 제대로 화를 표현하지 못한다고 해서 화를 낼 줄 모르는 것은 절대 아니다. 미영이는 집에서 어머니와 동생에게 온갖 화풀이를 다한다고 한다. 준이 역시 어머니에게는 마구 화를 내며 가끔 치료사나 친구를 꼬집는 식으로 분노를 표출한다.

이 아이들에게 필요한 것은 엉뚱한 대상에게 화풀이하는 것이 아니라 적절한 순간에 바로 그 대상에게 제대로 감정을 표출하는 것이다. 그래야만 정상적인 관계 형성을 할 수 있기 때문이다. 아이들로 하여금 다양하게 화를 내 보라고 하는 것은 바로 이런 이유에서다.

분노 표현의 마지막은 〈백설공주〉에 등장하는 새 왕비 역할이었다. 이미 앞에서 비교적 성공적으로 여러 번 분노를 표현한 성호와 미영이는 백설공주를 죽이겠다는 새 왕비의 대사를 제법 그럴 듯하게 한다. 하지만 준이는 이번에도 역시 제대로 하지 못했다.

마지막으로, 교실 안 상황극을 다시 한 번 재연하면서 이번에는 아이들로 하여금 잘못된 부분을 고쳐서 제대로 대응해 보라고 하였다. 선생님이나 친구가 오해한 것이 있으면 다시 정확한 말로 해명하거나 확실한 행동으로 보여야 하는 장면이었다. 제일 먼저 손을 든 성호는 선생님이 다른 친구가 잘못한 것을 오해하고 자신을 혼내려고 하자, 자기 잘못이 아니라 친구가 그런 것이라고 말하였다. 두 번째로 나선 미영이는 아직 많이 쭈뼛거리며 작은 목소리이긴 했지만 또박또박 대답하였다. 이전에 비해 훨씬 나아진 말투와 행동으로 하는 것을 보니, 움츠러들었던 자신감이 조금씩 회복되어 가는 것을 알 수 있었다.

성호와 미영이가 하는 것을 조용히 지켜보던 준이가 자기도 하겠다고 손 들고 나왔다. 하지만 준이는 묻는 말에 대답하는 대신 자기가 하고 싶은 대로 횡

설수설 반복하는가 하면, 선생님이 야단을 치면서 엉덩이를 때려도 빙글빙글 웃기만 하였다. 다시 준이를 잡고 "너 지금 하고 싶은 말 그거 아니잖아. 잘못한 건 네가 아니라 저 친구라고 선생님께 설명하고 싶은 거잖아. 그러니까 선생님께 똑바로 말해야지. 그래야 선생님이 알아듣잖아." 하고 말했다. 그랬더니 준이는 계속 웃기는 했지만 그래도 선생님께 제대로 의사를 전달하였다. 이어서 친구에게도 분명하게 자신의 입장을 말하게 하고는 이에 대해 친구가 "미안해."라고 말하면서 서로 화해하는 장면을 시도하였다. 그러자 준이는 굳은 얼굴로 "다신 그러지마."라고 하는 것이었다.

준이가 한 이 말에 우리는 순간 모두 얼어붙었다. 사실 준이는 돌아가는 상황을 잘 알고 있었던 것이다. 그런데 왜 준이는 적절하게 대답하지 못하는 것일까. 왜 선생님이나 친구에게 자신의 의사 표현을 확실하게 하지 못하고 대신 엉뚱한 말만 계속하는 것일까. 학교에서 또는 다른 사회 속에서 준이가 지금처럼만 한다면 얼마나 좋을까. 하지만 이것은 어디까지나 드물게 보이는, 그래서 수없이 새롭게 다시 시작해야 하는 모습이다. 준이와 함께 가야 할 길은 아직도 멀다.

아이들과 학교생활

가장 늦게 합류한 성호는 한 회가 다르게 급속도로 좋아져서 지금은 학교에서도 성호가 무슨 치료가 필요하냐는 말까지 듣는다고 한다. 다른 아이들에 비해 성호가 이처럼 빠른 속도로 성장한 것은 화목한 가정에서 부모의 사랑을 듬

뽁 받은 데다가 무엇보다 인지 능력이 뛰어나기 때문이다.

　다른 친구들에 비해 발음이 불명확한 데다 급하게 말하는 성호는 그 문제로 인해 자신감이 많이 부족한 상태였다. 유치원 시절 다른 친구들과 어울리는 것이 힘들었던 것도 그 때문이었는데, 이제 초등학교에 입학하여 다른 어떤 것보다 인지력이 중요하게 받아들여지는 환경에 속하면서 성호의 위축감은 자연스럽게 회복될 수 있었던 것이다. 앞으로 성호가 자신이 가진 잠재력을 마음껏 발휘하면서 성장하기 위해서는 성급함 대신 더욱 침착해야 할 것이고, 또한 대충대충 하는 대신 지구력을 가지고 몰두할 수 있어야 할 것이다.

　미영이 역시 성호처럼 언어 문제가 출발점이었지만 미영이의 경우는 이로 인한 정서장애가 심해진 경우다. 친구들이 놀려도 전혀 대응할 수 없고 누군가 조금만 건드려도 긴장할 정도로 심하게 위축되어 있는 미영이는 두려워하는 모습 속에 가끔씩 분노를 내비치곤 하였다. 치료 작업 시 처음에는 잔뜩 웅크리고 활동을 힘들어하며 눈치만 살피던 미영이가 어느새 자신이 하겠다고 손을 들기 시작하더니 이제는 정말 많이 활발해졌다.

　환하게 웃는 얼굴로 들어오는 미영이는 얼굴까지 예뻐질 정도로 자신감을 되찾은 것 같다. 하지만 아직 친구들에게 스스럼없이 다가가서 함께 놀자고 하기에는 꽤 시간이 걸릴 것이다. 미영이의 언어장애 역시 해결하기에는 긴 시간과 노력이 필요한 것이다. 평생 가져가야 할 거라는 선생님의 말씀이 있었다지만, 일단 말을 시작하면 매우 또박또박 발음하는 미영이를 보면서 꾸준히 노력하면 충분히 회복될 것 같은 기대감을 품게 된다. 미영이를 위해서 호흡과 발성 부분을 확장해야겠다.

　방학 동안 편안하고 행복해 보였던 준이는 학기가 시작되면서 매우 불안정해 보인다. 어머니의 정성과 노력으로 어느 수준까지 성장하였다고는 하지만, 그래도 준이에게 일반학교는 정말 무리였던 걸까? 그렇다면 준이는 어느 학교를 가는 것이 맞는 걸까? 어머니가 원하는 대로 인지와 사회성 모두 좋은 보통 아이들과 함께하면, 준이가 보고 배우면서 부쩍 성장할 것이라고 기대한 것은 정말 무리였을까?

준이의 상황은 준이 개인의 것만은 아니다. 준이와 유사한 많은 경계선상의 아이들이 학교에서 흔히 겪는 일들이다. 이럴 때 대부분의 어머니들은 참으로 안타까워하며 슬퍼한다. 아이에게 문제가 있는 것은 사실이지만, 그래도 필요할 때 적절하게 개입만 해 주면 아이는 다시 본 궤도에 오를 수 있는데 하면서 말이다. 하지만 선생님의 입장에서 그것은 거의 실현하기 어려울 정도로 힘든 일이다. 그 아이에게 전념하는 동안 다른 보통 아이들이 난장판이 되는 경우가 흔하기 때문이다.

그렇다면 과연 통합교육이라는 것은 어떤 것일까? 보통 아이들 속에 한두 명의 장애아가 있을 경우 어떻게 교육해야 진정한 통합교육 현장이 될 것인가? 학교에서는 장애아를 돌보는 도우미 선생님이 함께 교실에서 수업받기도 하고, 때로는 그 아이를 특수반에 보내서 수준에 맞는 수업을 받고 오도록 하기도 한다. 그런가 하면 학급 아이들이 서로 돌아가면서 그 아이를 돌보도록 하기도 하며, 어떤 한 아이와 짝을 맺어서 잘 보살피도록 배려하기도 한다.

그런데 어떻게 보면 가장 현명하기도 한 이 방법이 장애아에게는 보이지 않는 상처로 남을 수 있다. 그 속을 들여다보면 그것은 다름 아니라 바로 자신이 아이들과 다른 취급을 받는 것에서 비롯되는 열등감과 수치심인 것이다. 그리고 이로 인해 분노는 쌓이지만 그것을 제대로 표현하지 못하고 화를 낼 줄 모르는 준이를 보면서, 어머니는 준이가 학교에서 겪을 상황들을 함께 떠올리며 눈물을 흘렸다. 그리고 준이를 위해 다른 학교로 전학을 가야 하는지, 그렇다면 어느 학교로 가는 것이 좋은지 진지하게 고민하기 시작하였다. 분명 준이는 인지적인 면에서 다른 친구들의 수준을 어느 정도 따라갈 수 있는 아이다. 하지만 지금과 같은 상황과 환경에서 준이가 성장할 가능성은 극히 적다. 과연 어떻게 하는 것이 진정으로 준이를 위하는 길인지 현재로서는 판단이 서지 않는다.

연극치료 작업 과정에서 아이들은 처음과 다른 모습을 보여 준다. 그런데 그 모습은 집에서는 흔히 볼 수 있는 행동이라고 한다. 그렇다면 작업 과정에서 전과 다른 모습을 보여 주는 것은 치료사 그리고 함께하는 친구들과의 관계가 가족들만큼 친숙해졌다는 것을 뜻하는 것이다. 이와 같은 편안한 모습이 학교 또는 다른 친구들과의 만남으로까지 이어진다면 어머니들이 그토록 바라는 사회성 발달의 목표에 어느 정도 도달했다고 볼 수 있을 것이다. 준이와 미영 그리고 성호를 위한 작업에서 여러 가지 방법으로 계속 반복 시도하다 보면, 아이들은 분명 우리에게 보여 주는 모습을 어떤 상황에서도 자연스럽게 표출할 수 있게 될 것이다. 아이들의 바람직한 성장을 위해 그들의 세상 전부라고 할 수 있는 학교 현장에서 진정한 통합교육이 이루어진다면 얼마나 좋을까 생각해 본다.

{ 얼음땡.
자유롭게 움직이는 가운데
관계를 형성하고 집단의 친밀감을 높인다.

Chapter 11

지적장애
중학생 사례

사춘기와
폭력
정서

"일어나 임마."

둘 다 금세 덤벼들기라도 할 듯 성난 기색이었다. 아무리 가늠해 봐도 힘으로는 어느 쪽도 당해 내기 어려울 것 같은 녀석들이었다. 나는 얼결에 벌떡 일어났다. 그중에 하나가 왁살스레 그런 내 옷깃을 잡으며 소리쳤다.

"임마, 엄석대가 오라고 하잖아? 급장이."

내가 엄석대란 이름을 들은 건 그때가 처음이었다. 그 이름을 듣는 순간 내 기억에 새겨졌는데—아마도 그것은 그 이름을 말하는 아이의 말투가 유별났기 때문일지도 몰랐다. 무언가 대단히 높고 귀한 사람의 이름을 부르고 있다는, 그래서 당연히 존경과 복종을 바쳐야 한다는 그런 느낌을 주는 것이었다.

이문열, 『우리들의 일그러진 영웅』 중에서

어떤 사회이건 강자와 약자는 존재한다. 누구나 한 번쯤은 경험했을 '나'와 '엄석대'의 관계, 장애를 가진 아이들이라고 해서 예외는 아니다. 아니, 오히려 그 아이들이 겪는 어려움은 보통 사람에 비해 훨씬 더 심각할 수도 있다.

연극치료에서 폭력 정서에 관한 작업 과정을 필수적으로 진행하는 것은 바로 이런 이유 때문이다.

그런데 과연 어떤 사람이 강자이고 어떤 사람이 약자의 위치에 있는 것일까? 우선 힘 있는 자에 비해 힘없는 쪽을 약자라고 본다면, 장애를 가진 아이들은 예외 없이 약자라고 할 수 있다. 그리고 실제 임상 현장에서 만난 아이들의 경우, 심지어 약자나 강자라는 개념조차 없을 것 같은 중증 자폐아도 자신이 뭔지 모르지만 누군가로부터 당한다는 피해 의식을 지니고 있는 것을 확인하게 된다.

여기에서 중요한 것은 가해와 피해에 있어 100퍼센트 한쪽으로만 치우친 경우는 없다는 사실이다. 가령 어떤 사람이 누군가에게 해를 가할 때 그 이면에는 피해 의식이 깔려 있음을, 반면 피해 뒤에는 누군가를 해치고 싶은 폭력성이 숨어 있는 것을 종종 보게 되는 것이다. 그렇기 때문에 가해와 피해로 인한 정서 손상 문제는 여러 측면에서 접근하여 근본적인 문제 해결을 시도하는 것이 바람직하다. 이러한 가해와 피해 그리고 그 안에 내재된 폭력 정서는 특히 사춘기에 접어든 청소년이라면 한 번쯤 겪는 일이기도 하며, 장애아의 경우에는 그 특수성으로 인해 보다 세심한 접근이 필요하다.

만남과 진단

일반 중학교 1학년 남학생 영수는 초등학교 시절 5년 넘게 아버지의 직장을 따라 외국에서 살다가 올해 돌아왔다고 한다. 어머니 말에 의하면 돌아와서 집 근처 학교에 들어갔는데, 적응하기 힘들어한다는 것이었다. 보통 키에 비교적 마른 몸의 영수는 아직 소년티를 벗지 못한 귀여운 외모인데, 어깨가 구부정하고 팔, 다리를 꼿꼿이 펴지 않는 자세로 인해 위축되어 보인다. 게다가 별로 웃지 않고 얼굴을 자주 찡그리는가 하면, 무엇이든지 귀찮아하면서 시큰둥하게 반응하기 때문에 매우 무기력해 보이기도 한다.

영수의 경우 스스로 원해서 온 것이 아니라 어머니의 의지로 왔기 때문에 처음에는 연극치료를 하기 싫다며 빨리 집에 가자고 재촉하였지만 그렇다고 해서 심하게 거부하지도 않았다. 전반적으로 그 나이 또래 남학생에 비해 어머니의 말을 잘 따르는 착한 아들로 보이며, 거짓말은 전혀 하지 못하는 순진한 소년이라고 생각되었다.

일반적인 의사소통에는 문제가 없었지만, 생각해서 대답해야 할 때에는 매우 어려워하였고 치료사가 하는 말을 따라 의미도 모르는 채 반복하기도 하였다. 특히 어린 시절을 외국에서 보낸 탓인지 옛날이야기를 잘 알지 못했다. 하지만 오랜 외국 생활에도 불구하고 우리말을 아주 잘하는 것으로 볼 때 가정에서의 보살핌이 매우 지극했음을 알 수 있었다.

가정에서 충분한 사랑을 받은 아이들은 대부분 신체 접촉을 즐기는 편이다. 그런데 간혹 신체 접촉에 대해 심한 거부를 보이는 아이들도 있는데, 그 이유는 개인마다 다르지만 아이가 지나치게 예민하거나 혹은 친구들로부터 신체적으로 지속적인 괴롭힘을 당했을 때 두려워하는 모습을 보이는 경우가 많다. 영수는 이 두 가지 이유에 다 해당하는 것으로 볼 수 있었는데, 그중에서도 전자보다는 후자의 경험 탓이 큰 것이 아닐까 하는 생각이 들었다. 무심코 영수의 몸에 손이 닿았을 때 영수는 거의 반사적으로 두 팔을 들어 막는 시늉을 하면서 때리지 말라는 행동을 취하였다. 어머니는 영수에게서 부적응과 산만함의 문제가 가장 크다고 하였는데, 이와 더불어 다음과 같은 문제점을 볼 수 있었으며, 가장 큰 문제는 오히려 무기력이라고 생각되었다.

영수의 문제점
❶ 무기력 ❷ 자신감 상실 ❸ 산만함 ❹ 집중력 없음
❺ 이해력 부족 ❻ 신체 접촉에 대한 거부와 두려움

실제 연극치료 작업 과정

초반부의 예

대목표 사회성 발달, 적극성 회복

소목표 유쾌함과 즐거움을 경험하기, 집중력 키우기, 자유롭게 움직이기

작업 과정
❶ 인사하기
❷ 둥글게 둘러앉아 손동작과 표정 따라하기
❸ 조각상 만들기
❹ 발성하기
❺ 소리 지르며 달리다 멈추기
❻ 자리 옮겨가기
❼ 자리 이동하면서 동물 또는 사람 움직임 표현하기
❽ 눈 감고 걸어 보기

⑨ 로봇 행동 해 보기

⑩ 극 해 보기

⑪ 느낌 나누기

진행 내용

영수와 같이 집중하지 못하고 산만한 아이들은 초반부에는 짧게 다양한 방식으로 작업을 진행하는 것이 바람직하다. 하나하나의 작업에 몰입하는 시간이 워낙 짧기 때문에 집중도가 흐트러지는 것이 보이면 재빨리 다른 작업으로 바꾸어서 다시 몰입시키는 방법이 효과적이라는 말이다. 여기에 예로 든 작업 과정을 보면 한 시간 남짓 동안 무려 10가지 정도를 실행하였고, 그 결과 영수의 관심을 자극하기에 성공할 수 있었다.

영수는 전반적으로 무기력하기 때문에 대부분의 작업에 대해 시큰둥하며 권태로운 눈빛을 보이는데, 짧게 몰입할 때에는 그 눈빛부터 달라져서 초롱초롱 반짝거리는 것을 볼 수 있었다. 특히 조각 만들기 작업에서는 처음부터 비교적 긴 시간 몰입하였는데, 그 표현이 탁월하였다. 처음 하는 작업이라 어떻게 하는지 몰라서 머뭇거리기도 했지만, 과정이 진행됨에 따라 각 주제에 맞게 그 느낌을 적절하고 풍부하게 자신의 몸으로 표현하였다. 물론 함께 하는 사람들과 어우러지기보다는 혼자 떨어진 느낌은 있었지만 나름대로는 충분히 교감하는 것을 알 수 있었다. 이러한 영수의 표현력은 앞으로의 작업에 매우 긍정적인 신호였다. 왜냐하면 연극치료에서 스스로 표현할 수 있다는 것은 모든 작업에서 성장할 수 있는 기본 자세이기 때문이다.

하지만 하나의 작업에서 다음 단계로 넘어갈 때마다 영수는 금세 무기력한 모습을 보이며 신체적으로 늘어지려고 하였다. 그래서 가급적 쉼 없이 다음 작업으로 넘어가곤 하였는데, 대부분 혼자 하는 것과 함께 하는 것을 번갈아가며 실행하는 방식을 취하였다. 앞에서 언급한 작업 과정 중 몇 가지의 목적에 대해 좀 더 구체적으로 살펴보면 다음과 같다.

❷ 둥글게 둘러앉아 손동작과 표정 따라하기: 각자 신체 일부분을 이용하여 자기 표현을 하는 것
❸ 조각상 만들기: 그 뒤를 이어 함께 서로의 모습을 보고 느끼면서 자기를 표현하는 것
❹ 발성하기: 각자 자신의 소리를 내 보는 것
❺ 소리 지르며 달리다 멈추기: 서로 상대를 의식하며 소리와 행동을 맞추는 것
❻ 자리 옮겨가기: 자신의 리듬을 의식하는 것
❼ 자리 이동하면서 동물 또는 사람 움직임 표현하기: 상대를 보다 깊이 의식하는 것

이처럼 개별 작업과 집단 작업이 수차 반복됨에 따라 영수는 하나 하나의 작업에 집중하게 되면서 자신도 모르는 사이에 '유쾌함과 즐거움을 경험하기, 집중력 키우기, 자유롭게 움직이기'의 소목표를 어느 정도 모두 달성하였다.

아직 극 활동에 있어서는 역할이나 관계 또는 상황에 대한 인지 능력이 부족하기 때문에, 우선 치료사들이 하는 극을 보게 하고 그 가운데 하나의 역할을 맡아 극 활동을 하도록 하는 초보 수준으로 진행하였다. 하지만 영수는 역할에 적합한 감정과 대사를 연결하지 못할 뿐만 아니라 특히 화를 내는 역할의 경우에는 매우 주눅 든 모습을 보이면서 한 마디 대사도 제대로 하지 못하는 것이었다. 이러한 행

동은 처음 만남에서 보았듯이 영수가 학교 등에서 또래 친구들로부터 놀림당한 경험의 결과로 생각되었다. 영수의 경우 정서장애보다는 지적장애가 우선되는 문제라고 보았기 때문에, 당분간 모방 중심의 단순 역할 습득에 치중하기로 하였다. 무엇보다 앞으로의 극 활동에 있어서 특히 분노를 표현하는 역할은 매번 반복하여 실행하기로 하였다.

중반부의 예

대목표	사회성 발달, 적극성 회복
소목표	경쟁심 키우기, 동작 표현 즐기기, 생각하는 힘 기르기
작업 과정	❶ 인사하기
	❷ 색깔 공으로 같은 색 벽돌 맞추기
	❸ 권투 동작하기
	❹ 로봇 움직임 따라하며 감정을 넣어 섬세하게 표현하기
	❺ 극 활동하기
	❻ 자리 옮겨가기
	❼ 느낌 나누기

진행 내용

집중력 향상과 게임을 통한 경쟁심을 기르기 위해 작은 솜 공으로 종이 벽돌 맞추기를 해 보았다. 처음에는 자신 없는 표정으로 시큰둥하더니 일단 공을 던져 점차 맞추는 것이 늘어나니까, 이제 영수는 연구소에 들어오면서 벽돌 맞추는 것부터 하면 좋겠다고 한다. 영수가 자진하여 무엇을 하겠다고 한 것이 매우 고무적이어서 영수가 요구하는 대로 몇 차례에 걸쳐 이 작업을 빼놓지 않고 하였다. 영수는 자기 스스로 던지는 방식을 바꾸고 위치도 변경하면서 맞추기 작업을 하고 나서는 흡족한 표정으로 다음에는 뭘 할 것인지 묻기도 한다.

이제 영수의 가장 큰 문제라고 생각되었던 무기력은 적어도 연극치료 작업 안에서는 잘 보이지 않는다. 하지만 아직 적극성과 자발성이 학교에서까지 나오기에는 오랜 시간이 필요할 것이다. 또한 아직 작업이 중반부 정도 진행된 상태인데, 처음 회기에 비해 작업의 종류가 많이 줄었다. 그만큼 집중도가 높아졌다는 의미다. 사실 집중력과 무기력은 같은 맥락으로 볼 수 있는데, 그 이면에는 자신감 부족이 큰 부분을 차지한다. 다시 말해서 자기 스스로 할 수 있는 능력이 부족하다는 생각이 무기력함으로 이어지고, 또한 성취 욕구를 좌절시키기 때문에 무엇인가 열심히 하고자 하는 집중력도 현저하게 떨어지는 것이다. 따라서 스스로 할 수 있는 영역이 서서히 확장됨에 따라 자연스럽게 자신감이 길러지며 집중력과 적극성은 더불어 향상된다. 우리 작업에서 영수가 무기력한 모습을 보이지 않게 된 것은 바로 이와 같은 과정을 거쳐 자신감이 어느 정도 회복되었기 때문이라고 할 수 있다.

권투 동작과 로봇 움직임은 의식하지 못하는 사이 활발한 신체 동작을 유도하는 한편, 다른 사람들에 대해 의식하고 적절히 반응할 수 있는 힘을 길러 주는 작업이다. 이러한 움직임에 강도를 첨가하여 편안한 동작, 빠른 동작, 느린 동작 등으로 나누어 실행하도록 하면 섬세한 움직임의 훈련이 되며 상대와의 교감에도 탁월하다. 뿐만 아니라 의식하지 못하는 사이 자연스럽게 신체 접촉이 이루어지기 때문에 영수처럼 접촉에 대해 심한 거부를 보이는 아이들에게 효과적인 작업이다.

특히 권투 동작은 상대방을 치기도 하고 또 역으로 맞기도 하는 것으로, 상호 간에 오고 가는 움직임은 어떤 의미에서는 가해와 피해의 행동이라고도 할 수 있다. 영수에게는 함께 치고받는 동작을 하는 것이 매우 힘들어 보였는데, 상대의 눈을 제대로 보지도 못하고 고개를 숙이고 등을 돌리는 등 이 상황을 피하고 싶어 하는 기색이 역력했다. 또한 강도 높은 가해의 움직임은 전혀 따라하지도 못하는 것을 보아 영수는 피해의식으로 큰 어려움을 겪는 아이는 아니라고 생각되었다. 심한 피해의식으로 시달리는 아이들은 가해 동작을 할 때 뜻밖에 아주 거친 행동을 보이는 경우가 있기 때문이다. 이러한 동작을 주고받는 가운데 영수가 보여 주는 움직임의 느낌과 표현력은 역시 좋았다.

극 활동에 있어서 아직 제대로 된 역할을 수행하기에는 무리였지만, 극 중간 중간 영수가 스스로 설정하고 연기할 수 있도록 하기 위해 여러 가지 상황을 첨가·제시하였다. 영수의 이해력은 예상보다 훨씬 떨어져서 초등학생도 잘 아는 극 이야기를 제대로 이해하는 것도 쉽지 않았다. 하지만 점차 생각할 수 있는 힘을 기르도록 하기 위해서 어떤 사건이 벌어질 때 필요한 물건들은 어떤 것들인지 그리고 그것을 어떻게 사용할 것인지 극 활동으로 해 보기로 했다.

영수는 우리의 작업에서 정말 많은 부분 좋아진 모습을 보여 주었다. 신체 접촉에 대한 거부나 자신감 부족, 무기력감, 산만함은 더 이상 나타나지 않았다. 그렇다고 해서 이 문제가 해결되었다는 것은 아니다. 연극치료 작업 현장 밖에서는 달라진 모습을 그다지 많이 보여 준다고 할 수 없기 때문이다. 치료의 결과가 작업 현장에만 국한된다면 의미가 없다. 현실 속에서 달라진 모습이 나타날 때 진정한 치료가 이루어졌다고 할 수 있다. 그렇게 되기 위해서는 앞으로도 많은 시간이 요구된다. 게다가 이해력은 지적장애를 감안한다고 해도 아직 많이 부족하다. 앞으로의 작업은 이 부분과 더불어 역할과 그 안에 있는 정서적인 접근에 더욱 치중해야 할 것이다.

후반부의 예

대목표 사회성 발달, 적극성 회복

소목표 느끼는 감정을 정확히 표현하기, 역할 제대로 입기

작업 과정 ❶ 인사하기

　　　　　　❷ 둥글게 둘러앉아 손과 다리로 리듬 전달하기

　　　　　　❸ 누워서 구르면서 발로 싸움하기

　　　　　　❹ 이야기 듣기

　　　　　　❺ 극 활동하기

　　　　　　❻ 화 내 보기

　　　　　　❼ 느낌 나누기

진행 내용

　이제 영수는 자연스럽게 스스로 큰 소리로 인사하고 시작하는 것을 당연하게 생각한다. 치료사의 인사에도 함께하기 싫어하던 초기 모습은 전혀 찾아볼 수 없다. 둥글게 앉아서 손과 무릎을 사용하여 다양한 리듬을 전달하는 것을 집중하며 따라하고, 자기 차례가 되면 기발한 방법으로 행동하기도 한다. 심지어 응용력과 순발력이 이렇게 뛰어났나 하고 놀랄 때도 있다. 초반부에 신체 접촉에 대해 그토록 심한 거부를 보이던 영수는 어느 사이 누워서 발로 싸움할 수 있는 정도까지 되었다.

　누운 채로 바닥을 구르기도 하고, 등으로 게처럼 옆으로 기어가기도 해 보고, 이어서 발로 만나는 상대를 밀치는 게임을 하는 가운데 자연스럽게 몸과 마음이 이완되어 편안해졌다. 온몸의 긴장을 풀지 못하고 있었던 초기 모습은 사라지고

이제는 이완도 쉽게 할 수 있게 된 것이다. 편안하게 누워 있는 상태에서 극 활동을 할 이야기를 들려주니 모두 이야기 듣기에 집중한다. 이야기 듣기가 제대로 이루어진다는 것은 집중력의 힘이다. 가끔씩 이야기 내용에 관해 질문을 던지면 영수는 자기가 아는 것은 제대로 대답하고 모르는 것은 잘 모른다고 답했다. 이처럼 이야기를 들려주며 질문을 던지는 이유는 이해력 향상에 큰 도움이 되기 때문이다. 또한 이어서 극 활동을 할 때에도 이미 이야기를 들으면서 충분히 상상력을 발휘하였기 때문에 상황에 대한 올바른 이해와 역할 입기가 훨씬 자연스럽게 이루어진다.

이번 극은 〈재크와 콩나무〉 완결 장면이다. 다시 콩 줄기를 타고 올라간 재크는 용감하게 거인을 무찌르고 공주를 구해서 함께 지상으로 내려오는 것이다. 사실 여기에서 특별히 고려한 것은 무서운 거인에 맞서는 재크 그리고 지상에 내려왔을 때 아들이 또다시 하늘에 올라간 것에 대해 몹시 화내는 어머니에게 용서를 구하는 재크의 두 장면이다.

재크가 처음 하늘에 올라가서 공주를 만나는 앞 장면에서 스스로 생각하여 문제를 해결할 수 있는 극 활동을 잘 마무리한 영수는 이제 거인 그리고 어머니라는 '큰 존재'와 만나는 역할을 수행해야 한다. 이 만남을 보다 확대하면 가해와 피해의 상황으로까지 확장된다. 처음부터 주목하였듯이 영수는 이 두 가지 역할을 확실하게 인식할 수 있어야 하기 때문에 작업 과정 속에서 여러 방식으로 점차적으로 다루어야 하는 것이다.

평소에 자신을 누르는 강한 힘에 대해 늘 나약하기만 하던 영수는 거인을 무찌르는 재크의 역할을 하게 되자 몹시 부담스러워했다. 하늘나라에 올라가서 공주와 이야기하면서 거인을 물리치기로 하였지만, 막상 잠자던 거인이 깨어나 큰 소리를 내며 위협하자, 당황하여 어찌해야 할 바를 몰라 우왕좌왕하였다. 가져간 칼로 거인을 찌르라고 수차 말하는데도 영수는 어떻게 사용할지 몰라서 주저하였다. 결국 옆에 있던 치료사의 도움으로 함께 찌르고 거울을 반사하여 마침내 거인을 죽게 하였는데, 영수는 내내 소심한 모습으로 매우 소극적으로 행동하였다.

이와 같은 위축된 모습은 어머니에게 혼나는 장면에서도 계속되었다. 어머니 몰래 또다시 하늘나라에 올라간 것에 대해 심하게 꾸중하자, 영수는 어쩔 줄 몰라 하며 적절한 대답을 하지 못했다. 어머니 역할을 맡은 치료사가 방법을 바꾸어서 화를 내는 대신 "재크가 약속을 어겨서 속상하다."고 몇 차례 반복하니까, 그제서야 영수는 작은 소리로 "죄송해요."라고 대답하였다.

제대로 역할을 입지 못한 상태에서 어설프게 극을 마무리하고 나서 우리는 실제 현실 속에서 어떨 때 화가 나는지 서로 나누었다. 영수에게 현실에서 벌어지는 일에 관해 물은 것은 이번이 처음이었다. 영수는 "친구들이 괴롭힐 때 가장 화가 난다."는 말을 두 번이나 하였다. 그럴 때 어떻게 대응하느냐고 물었더니 영수는 그러지 말라고 한다고 했다. 하지만 친구들이 괴롭힌다고 가정하고 단호하게 그러지 말라고 해 보라고 하자, 자신감 없는 소리로 작게 말하였다. 그래서 우리는 모두 함께 종이 벽돌을 발로 차기도 하고 손으로 바닥을 치는 등 화내는 동작을 하기로 하였다. 영수는 잘 따라하기는 했지만 여전히 나약한 느낌이 들었다. '느껴지는 감정을 정확히 표현하기, 역할 제대로 입기'의 소목표를 이루기 위해서는 꽤 시간이 걸릴 것 같았다.

이제 영수는 집중력이 늘고 자신감도 많아져서 작업 시간 내내 극 활동을 할 수 있는 단계에까지 이르렀다. 게다가 화내는 연기 또한 많이 좋아져서 제법 소리도 크게 내며 물건을 던지는 등 실감나게 행동하기도 한다. 연기를 잘한다고 해서 그 문제가 해결된 것은 결코 아니다. 하지만 장애를 지닌 아이들이 어떤 역을 연기할 수 있게 되는 것은 그 역에 대한 이해가 충분히 되었다는 것을 의미한다. 하나의 역할에 대한 이해는 그것에 대하여 적절한 반응을 할 수 있게 되었다는 의미이기도 하다. 역할 입기가 연극치료의 주 작업인 것은 바로 이러한 이유 때문이다.

처음 진단하였던 영수의 문제점을 모두 해결하려면 아직 멀었지만 그 가운데 가장 어려운 것은 역시 다른 아이들에 비해 떨어지는 이해력 부분이다. 어떤 것에 대한 이해는 결국 그 표현 양식에 대한 인식과 맞물려 있다. 따라서 다양한 표현 양식을 경험하는 것이 효과적이다. 한 이야기에 대해 음악이나 그림과 같은 다른 예술 매체를 통합·활용하여 극 활동을 하게 되면 제대로 역할을 입고 감정 표현을 하는 데 많은 도움이 된다.

폭력 정서에 관하여

이미 앞에서도 언급하였듯이 폭력성은 요즘 전반적인 추세라고 할 정도로 특히 청소년 사이에 만연해 있다. 그리고 장애아보다는 보통 아이들에게서 더 큰 문제로 부각되는 것이 사실이다. 그러나 정도의 차이는 있지만 장애아 역시 폭력 문제에 노출되어 있기는 마찬가지다. 어떻게 보면 장애가 있기 때문에 이를 극복하는 데 더 큰 어려움이 있는지도 모른다. 왜냐하면 보통 아이들은 자신의 문제를 직시하는 것만으로도 그것을 해결할 수 있는 힘을 얻을 수 있는데, 장애아들은 그것을 인정하게 되기까지도 오랜 시간이 걸리기 때문이다.

폭력 정서에 대한 접근 방식은 결과적으로는 동일하지만 보통 아이들과 장애아의 경우에서 다소 다르게 적용된다고 할 수 있다. 즉, 보통 아이들에게서 보이는 피해 의식은 오랜 시간 지속되어 도저히 헤어날 수 없을 정도로 심해진 경우를 제외하고는 대부분 그 밑에 엄청난 분노가 깔려 있다. 그렇기 때문에 그들은 피해로 인한 자괴감과 동시에 그 안에 내재한 분노, 심지어 살의까지 품게 되는 자신을 제대로 볼 수 있어야 하는 것이다. 일례로 요즘 아이들 사이에 유행하는 '데스 노트'—자기가 죽이고 싶은 사람의 이름을 적고 어떻게 죽이는가 하는 방법을 적는 노트—는 바로 이러한 폭력성이 빠른 속도로 확산되고 있다는 사실을 잘 보여 준다.

이에 비해 장애를 지닌 아이들은 폭력성과 무관하다고 생각될 만큼, 피해를 입으면서도 품게 되는 폭력성의 정도는 훨씬 미약한 수준이다. 하지만 이것 역시 간과해서는 안 되는 중요한 문제다. 영수에게서 보았듯이 장애아에게 있어서는 다른 문제들이 우선적으로 부각되기 때문에, 폭력에 대한 피해 의식을 문제시하는 것부터 쉽지 않은 작업이다. 그래서인지 장애아를 위한 연극치료 작업에서 이 부분을 건드리기까지 적지 않은 시간이 걸린다.

이를 위한 과정에서는 무엇보다 우선 정당하게 화를 낼 줄 아는 여러 방법들을 습득해야 한다. 물론 자신의 울분을 자해로 표출하는 장애아들도 있지만 그것 역시 적절한 대응은 아니다. 대부분의 장애아들은 심지어 어머니가 자신에게 화를 낼 때에도 그 의미가 무엇인지 모를 만큼 분노의 감정에 대해 많이 서툴다.

화를 표출하는 방법을 배우기 위해서는 다른 어느 감각보다 소리를 내는 것부터 시작하는 것이 효과적이다. 마음껏 소리를 지르며 화를 낼 줄 알게 되면 그다음 단계는 신체적인 표현이다. 우선 간단하게 주먹을 힘껏 쥐거나 바닥을 내리치는 동작을 취하고 점차 온 몸으로 분노를 느끼도록 확장시켜 간다.

이처럼 여러 방식으로 분노를 표현할 수 있게 됨에 따라 가해와 피해 역할의 관계에 대한 이해 또한 가능해진다. 이렇게 되면 점차 이야기를 이해하는 능력도 좋아지게 되고, 더 나아가 어려운 문제를 해결할 수 있는 힘까지 길러진다. 이러한 방식은 연기 훈련 방법에 있어 마음에서 먼저 느끼고 이를 행동으로 표출하는 스타니슬라프스키(Konstantin Stanislavsky)식 연기법이 아니라 행동이 우선되는 '외부에서 내면으로'의 방식에 해당된다고 할 수 있다.

분노는 사실 감정 표현에 있어 슬픔, 기쁨 등과 함께 비교적 쉬운 편에 속한다. 왜냐하면 거기에 해당하는 동작들이 다른 것에 비해 크고 과장되어 나타나기 때문이다. 이처럼 감정을 수반한 동작을 몸에 익히고 나면 내면에서 느끼는 그 감정에 대한 인식도 쉽게 접근할 수 있게 된다.

영수에게 있어 폭력 정서의 문제를 연극치료 작업 후반부에 이르러서야 다루게 된 것 그리고 그 방법 또한 행동을 먼저 모방하게 한 것은 바로 장애아와 폭력성의 연관성이 보통 아이들과는 다소 차이가 있기 때문이었다. 치료 영역에서 폭력 정서는 장애와 비장애의 구별 없이 모두가 극복해야 하는 중요한 문제다.

원으로 시작하여
원으로 끝나는 만남 속에서
연극치료 작업은 하나의 의식으로
이루어진다.

Chapter 12

아이,
교육과 치료,
치료사

초콜릿 상자
같은 세상

아이는 자신이 다른 아이들과 많이 다르다는 것을 안 뒤 시무룩해진다. 보다 못한 어머니는 아이에게 초콜릿 상자를 열어 보이며 단호하게 말한다.

"자 봐, 이게 뭐지? 초콜릿 상자지? 잘 보렴. 여기 들어 있는 초콜릿 모양이 제각기 다르지? 같은 모양은 하나도 없어. 세상은 바로 이런 거야. 어떤 사람은 동그란 모양이고, 또 다른 사람은 네모난 모양이지. 동그란 모양이 네모가 될 필요도 없고, 네모가 동그라미가 될 이유도 없어. 너도 그래. 너만의 모양이 있는 거야. 너에겐 너만의 것이 있는 거란다. 알았어, 포레스트 검프?"

이후 아이는 자신만의 특별한 삶을 살아가면서 학업에서도, 일에서도 그리고 사랑에서도 아메리칸 드림을 하나하나 이루어 간다.

– 영화 〈**포레스트 검프**〉 중에서

내가 기억하는 영화의 소중한 장면 중 하나는 바로 이랬다. 특히 시무룩해 있는 어린 포레스트 검프에게 정색을 하며 초콜릿 상자를 내밀던 어머니의 모습이 퍽 인상적이었다. 그 단호한 표정, 상자 속에 들어 있던 각양각색의 초콜릿들, 아들을 향한 애타는 눈길을 보며 나는 어머니라는 존재의 무게를 새삼 확인하였다. 그러면서 이 세상을 살아가는 우리들의 모습이 제각기 소중하다는 사실을 깊이 각인할 수 있었다.

연극치료에 관해 누군가에게 설명할 때 나는 이 장면을 즐겨 사용한다. 그리고 이를 통해서 먼저 치료와 교육의 차이점에 대해 이야기한다. 이처럼 제각기 모양이 다른 우리들을 갈고 닦아서 엇비슷한 모양으로 만드는 것이 교육이라면, 치료는 동그라미는 동그라미로, 네모는 또 네모답게 만들어 주는 것이라고. 하지만 이러한 비교는 단지 편리에 의한 것일 뿐이다. 왜냐하면 사실 교육도 치료와 마찬가지로 동그라미를 가장 동그라미답게 만드는 것을 궁극적인 목표로 하는 것이니 말이다.

단지 교육이라는 제도 안에서는 동그라미도 네모도 필요할 때에는 같은 모습으로 행동할 수 있어야 한다. 교육이건 치료건 중요한 것은 진정한 동그라미가 어떤 것인지 그리고 진정한 네모가 어떤 것인지 바로 볼 수 있어야 한다는 것이다. 그리고 이것은 바로 진단이다.

이제 지금까지 연극치료에 관하여 살펴본 내용 외에 꼭 하고 싶은 이야기들을 정리하면서 마무리하고자 한다.

교육 현장에서의 연극치료

현재 우리나라에서 연극치료 작업은 매우 열악한 환경에서 이루어지고 있다고 할 수 있다. 연극치료가 알려지기 시작한 지 몇 년 되지 않은 이유도 있지만, 그보다는 아직 연극치료가 구체적으로 어떤 작업인지, 어떤 환경 속에서 어떻게 진행해야 가장 효과적인지에 대해 전혀 고려되지 않았기 때문이다. 이러한 배경에는 연극치료와 연극교육 그리고 교육연극 사이에 존재하는 불분명한 경계라는 문제가 있다.

최근 들어 연극을 비롯한 예술교육이 제도권과 비제도권의 교육 현장에서 활발히 이루어지고 있는데, 이는 문화관광부 산하 문화예술교육진흥원에서 몇 년 전부터 실시하고 있는 예술인 일자리 창출 사업이 만들어 낸 결과 가운데 하나라고 할 수 있다. 이처럼 여러 교육 현장에서 연극 예술인들에 의한 연극 활동이 진행되고 있는 것은 매우 고무적인 사실이다. 그리고 그들 중 많은 연극인들이 일반학교, 특수학교, 그 외 여러 복지센터 등에서 연극을 가르치면서 놀라운 교육 효과를 경험하며 치료적 성과까지도 얻게 되었다.

연극은 경우에 따라서는 그 자체만으로도 훌륭한 치료적 효과를 가져오기도 한다. 하지만 그것은 어디까지나 교육 현장에서 연극 예술의 치료적 속성이 발휘된 것이지, 그것을 연극치료라고 하기에는 무리가 있다. 치료는 지금까지 수차 강조하였듯이 아픈 부분이 있고 그것이 낫게 되는, 보다 고유한 영역이기 때문이다.

그렇다고 해서 교육 현장에서 치료가 이루어져서는 안 된다는 말은 아니다. 물론 치료는 적절한 환경에서 전문적인 치료사의 검증 작업을 거치면서 행해져야 하겠지만, 교육 현장도 치료적 작업이 적용된다면 바람직할 것이다. 하지만 이를 위해서는 교육 현장 및 교사 또는 연극인 교사가 갖추어야 할 것들이 있다.

우선, 연극교육과 교육연극 그리고 연극치료 사이에 경계를 확실히 해야 한다. 단순하게 분류하면 연극교육은 말 그대로 연극을 가르치는 것, 교육연극은 교육 속에 연극적 장치를 활용하는 것 그리고 연극치료는 연극적 방법을 매개로 심리치료와 유사한 방식으로 환자를 낫게 하는 것이다. 이렇게 볼 때 연극교육은 연극인 또는 교사가 주체이고, 교육연극은 교사 그리고 연극치료는 치료사가 주체가 된다. 이와 함께 각 작업 활동의 목표 및 특징을 살펴보면 다음과 같다.

작업 활동	주관자	대상자	목표	특징
연극교육	연극인, 교사	학생, 일반인	연극을 배운다 (연기, 연출, 무대, 희곡 등).	• 연극인이 많은 학생들을 대상으로 가르칠 수 있다. • 개별보다는 집단을 위한 연극적 목표가 우선된다.
교육연극	교사, 연극인	학생	연극을 통해 교과목을 배운다.	• 교사가 많은 학생들을 대상으로 가르칠 수 있다. • 개별보다는 집단을 위한 교육적 목표가 우선된다.
연극치료	치료사	참여자 (환자)	연극을 통해 아픈 부분을 낫게 한다.	• 치료사가 개인 혹은 소규모의 집단을 대상으로 한다. • 개인을 위한 치료목표가 우선된다.

이제 교육 현장에서 연극치료 작업이 어떻게 실행될 때 보다 효과적인지 다음의 세 가지 측면, 즉 장소, 기간, 대상과 관련지어 살펴보도록 하자.

현재 연극교육과 교육연극이 행해지는 공간은 대부분 교실이다. 이보다 좋은 곳은 체육실이나 무용실과 같이 움직임이 편리한 공간이며, 학교 내에 극장이 있다면 최상의 조건이 된다. 이 가운데 연극치료를 위해 바람직한 공간을 꼽으라면 극장이 제일 좋겠지만, 만약 그 극장이 객석이 많은 큰 공간이라면 그보다는 오히려 무용실과 같이 마루가 깔린 작고 조용한 곳이 좋다고 할 수 있다. 만약 교실만 사용할 수 있다면, 집중이 흐트러지지 않도록 최대한 주변 물건들을 치우고 아늑한 환경으로 만드는 것이 좋다. 그리고 초반부에는 그 공간에 익숙해지도록 하기 위한 작업 중심으로 진행하는 것이 바람직하다. 왜냐하면 치료가 필요한 사람들에게는 무엇보다 불안감을 느끼지 않도록 배려해야 하기 때문이다.

또한 기간 면에서 볼 때 교육과 치료 둘 다 적지 않은 시간이 소요되는 것이지만, 치료는 교육보다 더욱 많은 시간을 필요로 한다. 따라서 치료적 효과를 얻고자 한다면 기간에 대한 충분한 협의가 이루어져야 한다. 그리고 가급적 매주 일정한 시각에 꾸준히 작업하는 것이 바람직하다. 이를 위해 담당교사뿐만 아니라 부모님들과도 규칙적으로 만나서 상담하는 것이 필수적이다.

마지막으로, 학교 측의 배려가 절실히 요구되는 것은 바로 작업 대상의 규모이다. 교육과 달리 치료는 소수일수록 더 효과적이다. 심한 장애 없이 정서적 문제를 겪는 아이들이라면 최대 8~10명 정도의 규모가 적절하다. 하지만 심한 자폐의 경우에는 두세 명의 아이들이라 해도 힘든 작업이 된다. 만약 학교에서 연극 작업의 치료적 효과를 원한다면 이와 같은 집단 규모를 비롯하여 공간과 기간에 대한 배려가 반드시 있어야 할 것이다. 하지만 이러한 외면상의 기본 여건 외에 우선되어야 하는 것은 치료사로서의 마음가짐이다.

치료사의 자질

앞서 말했듯이 치료란 동그라미 모양을 확실한 동그라미로, 세모 모양을 분명한 세모로 만들도록 돕는 작업이다. 여기에서 중요한 관건은 다른 어느 것보다도 치료를 필요로 하는 사람이 동그라미 모양인지 아니면 세모 모양인지를 확실하게 아는 것이다. 이것이 바로 진단인데, 치료 작업에서 가장 어려운 것이 바로 이 과정이라고 할 수 있다.

진단의 기준은 원칙적으로 병원 등에서 이미 검증된 자료를 통한 검사 결과다. 이를 근거로 치료사는 만나는 대상자의 병명이 무엇인지, 어떤 특징적인 면이 있는지 알게 된다. 하지만 기존의 진단 결과를 지나치게 믿는다면 자칫 실수를 범할 우려가 있다. 왜냐하면 어떤 장애라 할지라도 더 중요한 것은 일반적인 증상이 아니라 지극히 개별적으로 나타나는 특성들이기 때문이다. 이렇게 볼 때 진단에 가장 도움이 되는 것은 지금까지 강조한 것처럼 치료사와 대상자의 실제 만남이라고 할 수 있다.

이 과정에서 치료사의 자질이 매우 중요하게 작용한다. 그렇다면 좋은 연극치료를 하기 위해 필요한 치료사의 자격 조건에는 어떤 것들이 있는지 생각해 보자.

첫째, 치료사 자신이 실제로 치료받은 경험은 매우 중요하다. 그것이 스스로의 경험에 의한 것이건, 연극치료이건, 미술치료이건, 심리치료이건, 심지어 약물치료이건 어떤 종류의 치료인지 관계없이 자신이 회복된 경험이 있다는 것은 필수적인 단계라고 할 수 있다. 왜냐하면 그 경험으로 인해 자신의 문제를 확실히 알고, 또한 어떤 과정 속에서 그 문제가 해결되어 가는지, 그 결과 회복되었다는 것이 어떤 결과물로 나타나는지 인식하였기 때문이다. 이러한 체험은 치료사로 하여금 단순히 치유 과정에 대하여 이해하도록 할 뿐만 아니라 어떤 문제든지 분명히 치료될 수 있다는 긍정적인 믿음을 갖도록 해 준다.

둘째, 이상하게 들릴지도 모르지만, 치료사는 매력이 있어야 한다. 여기에서 매력이란 외모나 성격 등 뭔지 모르게 그 사람에게 끌리는 것을 말하는 것이 아니다. 그보다는 오히려 전적으로 신뢰하고 따를 수 있게 하는 믿음이라고 할 수 있다. 치료를 받기 위해 온 환자가 치료사를 믿지 못하면 작업 과정이 제대로 이루어질 수 없다. 따라서 치료사는 아픈 사람으로부터 전적인 신뢰의 대상이 될 수 있도록 노력해야 한다. 그래야만 치료사와 대상자 간에 진실한 만남의 관계가 형성되는 것이다. 이를 위해 치료사와 환자 간에 발생하는 전이와 역전이는 필수적으로 거쳐야 하는 과정이라고 할 수 있다. 그와 같은 현상은 상대를 깊이 받아들임으로써 생기는 것들이기 때문이다. 다만 치료사는 어떤 이유로 그리고 어떤 과정으로 전이와 역전이가 일어나는지 통찰하고 있어야 한다. 사족을 덧붙이자면, 내가 지금까지 만난 사람 가운데 자신만의 독특한 매력이 없는 사람은 한 사람도 없었다.

셋째, 치료사는 적당히 신중하고 침착해야 한다. 다른 예술치료도 그렇겠지만 특히 연극치료에서 '지금─여기'라는 현장성은 매우 중요하다. 게다가 그 작업 과정이 온 몸과 마음으로 대상자와 만나는 것이기 때문에, 치료사는 어떤 돌발 상황에서도 신중하고 침착하게 대처할 수 있어야 한다. 예를 들어 아이가 심하게 분노하며 난폭한 행동을 할 때, 그 과도한 감정을 적절히 가라앉힐 수 있도록 도와줄 수 있어야 하는 것이다. 그렇다고 해서 지나치게 냉정해야 한다는 것은 아니다. 그보다는 오히려 자신을 품어 준다는 확신을 가질 수 있도록 편안해야 한다. 치료사에게 필요한 신중함과 침착은 바로 이처럼 품을 수 있는 마음으로부터 나올 때 가장 큰 힘을 발휘할 수 있다.

넷째, 치료사는 참을성이 있어야 한다. 즉, 기다릴 줄 알아야 한다. 마음의 병은 절대 회복되지 않는다는 말이 있듯이 아픈 사람이 상처에서 회복되어 일어서기까지는 참으로 많은 시간이 걸린다. 어쩌면 평생 고쳐지지 않을 만큼 자신의 상처를 꽉 부둥켜안고서 살아간다. 실제 치료 작업 과정에서 한 회기 한 회기 달라지는 모습이 매번 선명하게 드러나지는 않는다. 대부분 어느 정도 기간이 지난 뒤에 돌아보면 어느새 이만큼 와 있게 되는 경우가 많다. 아주 조금씩 서서히 달라지는 모습을 지켜보기 위해서 치료사는 참을성이 있어야 한다. 아픈 사람이 스스로 일어서서 낫고자 하는 의지를 보일 때까지 옆에서 기다릴 줄 알아야 하는 것이다. 이러한 기다림을 가장 잘 가르쳐 주는 사람은 바로 장애아의 어머니들이다. 자신의 아이들이 거북이처럼 느릿느릿 나아지는 모습을 묵묵히 참고 기다리는 그들을 보면서 기다림이 무엇인지 비로소 알게 된다.

다섯째, 치료사에게 있어 직관은 중요하다. 한 아이를 생각해 보자. 그 아이의 진단 결과는 특정한 병명으로 나타나는데 실제로 그 아이가 보여 주는 문제는 그 진단명과 아무런 관련이 없어 보인다. 이럴 경우 치료사는 어떤 식으로 작업을 진행해야 할까? 우선 그 아이에 대해 다방면으로 접근하는 것이 좋을 것이다. 때로는 진단명에 합당한 방식으로, 때로는 그것과 무관한 아이의 행동에 적절하게 반응하면서, 또 때로는 보호자나 주변 사람들의 의견을 존중하는 등 여러 측면에서 아이를 살펴보아야 할 것이다. 이러한 과정에서 직관은 매우 중요하게 작용한다.

직관은 우선 치료사로 하여금 참여자에게 가장 적절하게 반응할 수 있도록 해 준다. 왜냐하면 직관은 참여자가 지금 이 순간 무엇을 원하는지 정확하게 알아차릴 수 있게 해 주기 때문이다. 우리가 만나는 환자가 동그라미 모양인지 아니면 세모 모양인지 알게 해 주는 것도 직관이 결정적인 역할을 한다. 어쩌면 직관이야말로 치료사로서 지녀야 할 최상의 자격요건이라고 할 수 있다.

여섯째, 치료사는 유연함이 있어야 한다. 여기에서 유연함은 단순히 사고의 유연함을 지칭할 뿐만 아니라 행동, 즉 신체적 유연함까지도 포괄한다. 치료사의 유연함은 대상자를 정확히 알고 대처하는 데 필요하다. 치료사는 대상자에 대하여 어떠한 고정관념도 갖지 말아야 한다. 만약 어떤 환자에 대해 고정관념을 갖게 된다면 치료사는 그를 제대로 파악할 수 없을 뿐만 아니라 적절히 대응할 수도 없게 된다. 대상자의 상태나 행동에 대해 치료사가 상황에 따라 적절하게 변신하며 대응한다면 그에 대한 신뢰도 더욱 깊어져서 환자와 치료사 간의 이상적인 관계로 발전할 수 있다. 이처럼 유연함은 치료사에게 있어 중요한 덕목 가운데 하나다.

일곱째, 치료사에게는 인간에 대한 깊은 이해가 절대적으로 필요하다. 그래야만 여러 증상들을 제대로 볼 수 있고, 또 적절하게 치료 작업을 실행할 수 있기 때문이다. 이를 위해서 치료사가 먼저 갖추어야 할 지식은 심리학이라고 할 수 있다. 인간의 마음에 대해 연구하는 학문인 심리학은 연극을 비롯한 모든 예술치료의 근간을 이룬다. 심지어 예술치료를 심리치료의 하위 개념으로 생각할 정도로 심리학은 이 분야에서 절대적인 영향력을 가지고 있다. 그렇다고 해서 연극치료가 심리치료의 일부분이라는 것은 결코 아니다. 어떻게 보면 연극치료가 심리치료를 포함한다고 할 수 있을 만큼, 연극이라는 독자적인 영역에 대한 이해가 가장 중요하다. 이와 함께 문학, 철학, 사회학, 인류학 등 인간에 관련된 학문은 연극치료사들에게 있어 깊이 있게 접근해야 하는 학문들이다.

하지만 이보다 먼저 선행되어야 하는 것은 치료사 스스로 자신에 대한 이해를 갖추어야 한다는 점이다. 자기 자신을 바로 볼 수 없는 사람이 다른 사람을 제대로 파악한다는 것은 거의 불가능하다. 자신의 문제를 인식할 수 있고, 자신과 다른 사람의 관계가 어떤 것인지 알고 이를 회복하는 경험이 치료사에게 중요한 것은 바로 이러한 이유 때문이다.

좋은 연극치료가 실행되기 위해서는 이와 같은 치료사로서의 여러 가지 자질이 필요하다. 하지만 방금 언급한 조건들을 제대로 갖춘 사람이 과연 이 세상에 존재할까? 이 가운데 하나 혹은 둘만 갖추었다고 해도 그 사람은 분명 성인군자일 것이다. 이렇게 볼 때 정작 현실 속에서 치료사로서 지녀야 할 것은 이와 같은 자질을 조금이라도 더 가질 수 있도록 노력하는 자세다. 다시 말해서 치료사의 사랑이 담긴 마음이라고 할 수 있다.

이와 반해 치료사가 피해야 하는 것은 자신이 누군가에게 도움을 줄 수 있다는 권위적 자세다. 물론 치료사는 아픈 사람을 회복시켜 주는 사람이다. 그러나 병이 낫게 되는 것은 아픈 사람의 주체적인 의지가 발휘될 때 비로소 가능해진다. 따라서 치료사는 아픈 사람이 스스로 나을 수 있도록 옆에서 도와주는 역할을 하는 것이다. 그래서 나는 치료사를 '가이드'라기보다는 '헬퍼, 즉 도우미'라고 밝힌 바 있다.

사실 치료사가 어떤 좋은 작업 내용으로 치료 과정을 진행하는지 알아보는 것은 그다지 의미가 없다. 그보다는 오히려 치료사와 환자가 치료 시간 내내 두 손을 꼭 잡고 있어도 그로 인해 서로의 마음이 통하고 위로받고 자신의 문제를 받아들이는 시간이 되었다면, 그것이 더 좋은 치료일 수 있다.

그렇다면 자신이 하는 작업이 치료적 결과를 가져온다는 것을 어떻게 확인할 수 있을까. 물론 아픈 사람이 낫게 되는 것이 결정적인 증거이지만, 이와 함께 치료사 자신이 달라지는 것 또한 좋은 기준이 될 수 있다. 자신의 변화와 성장이야말로 다른 사람을 달라지게 할 수 있는 원동력이 되기 때문이다. 이렇게 볼 때 치료사는 누군가에게 도움을 주는 동시에 그로부터 가장 큰 도움을 받는 존재인 것이 분명하다. 바로 이것이 지금까지 연극치료 작업을 하면서 내가 얻은 그리고 앞으로도 계속 받게 될 최고의 수확이다.

마무리하며

내가 연극치료를 하게 된 계기는 장애아동 보호시설에서 연극 활동을 가르치기 시작하면서부터였다. 도저히 대사를 외울 수 없을 것 같았던 아이들이 연극을 조금씩 배우는 가운데 대사도 줄줄 외우고 게다가 감정까지 표현하는 것을 보면서 나는 새삼 연극의 힘을 실감하였다. 이것은 연극치료 이전에 연극교육이 가져다준 치료적 효과였고, 이후 지금까지 나는 할 수 있는 한 많은 환자들을 만나면서 연극치료의 효과를 수없이 경험하고 있다.

연극치료가 우리나라에서 실행된 지 불과 몇 년 되지 않았다. 아직 제대로 작업할 수 있는 연극치료사도 턱없이 부족하고, 또한 이 작업을 제대로 할 수 있는 공간도 마련되어 있지 않다. 앞으로 우리의 연극치료는 더욱 많이 연구되고 실제 작업이 이루어지는 가운데 점차 제자리를 잡아가게 될 것이다. 이 과정에서 연극치료는 서서히 우리 문화와 시대적 상황에 맞는 보완 치료의 하나로서 정착해 갈 것이다.

연극치료가 더욱 활성화되어야 하는 이유는 오직 한 가지, 보다 많은 사람들의 치유와 회복을 위해서다. 여기에서 가장 중요한 요소는 치료사나 교사, 보호자가 아니라 고통받는 당사자들이며, 그들이 보다 좋은 환경에서 치유되도록 하기 위해서 이제는 치료 현장뿐만 아니라 우리 사회 전체가 더욱 많은 관심을 가질 때다.

저자 소개 **박 미 리**

이화여자대학교 불어불문학과 및 동 대학원 졸업(문학박사)
프랑스 파리 10대학 불문학 박사과정 수료
현재 용인대학교 연극학과 및 예술대학원 예술치료학과 교수
　　　숙명여자대학교 평생교육원 연극치료사 양성과정 대표교수
　　　(사) 한국연극치료협회장
　　　한국연극치료연구소 대표

특별한 아이들, 무대 위에서 세상을 만나다
발달장애와 연극치료

2009년 7월 1일 1판 1쇄 발행
2012년 10월 20일 1판 2쇄 발행

지은이 • 박 미 리
펴낸이 • 김 진 환
펴낸곳 • (주)**학지사**
　　　　121-837 서울시 마포구 서교동 352-29 마인드월드빌딩 5층
대표전화 • 02) 330-5114　　　팩스 • 02) 324-2345
등록번호 • 제313-2006-000265호
홈페이지 • http://www.hakjisa.co.kr
커뮤니티 • http://cafe.naver.com/hakjisa

ISBN 978-89-6330-148-8 93180

정가 14,000원